गुलदस्ता-ए-मोहब्बत

कविता और शायरी

श्रीराज मेनन

क्रम-सूची

क्रम-सूची

क्रम-सूची

क्रम-सूची

भूमिका

पुस्तक में लेखक द्वारा लिखित हिंदी कविताएँ और शायरी शामिल हैं। इसमें कविताएं, शायरी और प्रेरणादायक उद्धरण शामिल हैं।

इस पुस्तक में लेखक द्वारा लिखी गई कुछ कविताएँ और शायरियाँ हैं जो प्रेम, प्रकृति और जीवन के सामान्य दैनिक पहलुओं पर आधारित हैं। कुछ प्रेरक प्रसंग भी हैं। प्यार में पाया गया प्यार, खोया हुआ प्यार और फिर से जगा हुआ प्यार शामिल है। इसी तरह, प्रकृति में प्रकृति का महत्व है और लोग बिना किसी दुष्प्रभाव के प्रकृति का अपने फायदे के लिए दुरुपयोग करते हैं। सामान्य में जीवन के सामान्य पहलू होते हैं जो लोगों और परिवेश के साथ चलते हैं।

पावती (स्वीकृति)

मैं अपने उन दोस्तों को धन्यवाद देना चाहता हूं जिन्होंने मुझे कविताएं और शायरी लिखने के लिए प्रेरित किया, जिसे मैं कहता था और भूल जाता था। मैं Your Quote प्लेटफॉर्म और उसके सभी सदस्यों और समूहों को भी धन्यवाद देना चाहता हूं जिन्होंने मुझे अनुमति दी और मुझे इसके मंच पर अपनी सामग्री लिखने के लिए प्रेरित किया। मैं नोशन प्रेस और उसके सभी सदस्यों को भी धन्यवाद देना चाहता हूं जिन्होंने मुझे अपनी सामग्री को अपने मंच और समय-समय पर मार्गदर्शन के माध्यम से प्रकाशित करने की अनुमति दी, जो उन्होंने मुझे मेरी त्रुटियों को ठीक करने के लिए दिया।

1. उसके बिना मेरी दुनिया

2. अकेले रहने का नशा

अकेले रहने का नशा

आख़िर ये एहसास कैसा,
यूँ ही अकेले रहने का नशा
जब बात हुई मोहब्बत की
था किसी को पाने का नशा

तन्हाई का जो सुख है यहाँ
कैसे कहे वो क्या है मज़ा
भीड़-भाड़ से अलग़ नया
सुहाना सा एहसास है वहाँ

— Raj

3. अगर कभी वक़्त मिले

अगर कभी वक़्त मिले

अगर कभी वक़्त मिले
याद हमको किया करें
क्या पता इस ज़िन्दगी में
फिर कभी हम-तुम मिले

भरोसा नहीं ज़िन्दगी की
ना जाने कब ख़त्म होगी
सिलसिला तो चलता रहा
यह ज़िन्दगी की दौर यहाँ

कोई आये या फिर ना आये
ये काल चक्र तो चलता है
यह इस दुनिया की रीत है
बस फ़र्ज़ निभाते रहना है

— Raj

4. अकेलापन सही लगता है

अकेलापन सही लगता है जब

अकेलापन सही लगता है जब बंद जाते है परिवार में
परिवार सही लगता है जब रह जाते हो तन्हाई में

लगता है हरयाली उस पार जब होते है इस पार तुम
जब जाए उस पार महसूस होगा इस पार ही सही है

— Raj

5. दुनिया की बेवफ़ाई

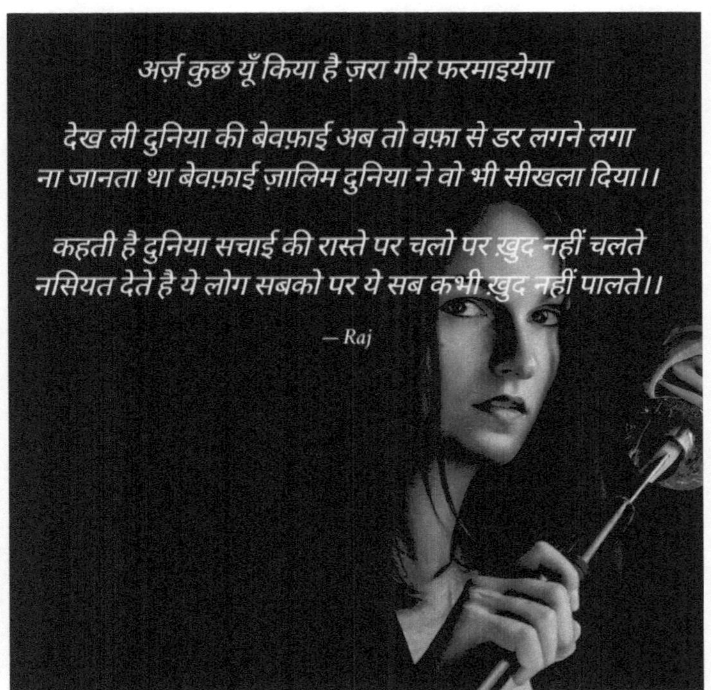

अर्ज़ कुछ यूँ किया है ज़रा गौर फरमाइयेगा

देख ली दुनिया की बेवफ़ाई अब तो वफ़ा से डर लगने लगा
ना जानता था बेवफ़ाई ज़ालिम दुनिया ने वो भी सीखला दिया।।

कहती है दुनिया सचाई की रास्ते पर चलो पर ख़ुद नहीं चलते
नसियत देते है ये लोग सबको पर ये सब कभी ख़ुद नहीं पालते।।

— Raj

6. गुलदस्ता-ए-मोहब्बत

7. ख़ुशियों की चाह

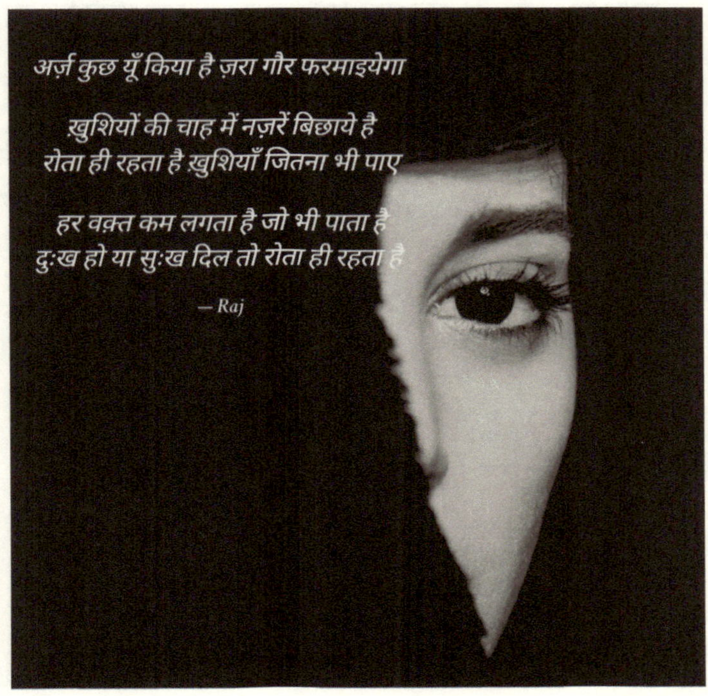

अर्ज़ कुछ यूँ किया है ज़रा गौर फरमाइयेगा

ख़ुशियों की चाह में नज़रें बिछाये है
रोता ही रहता है ख़ुशियाँ जितना भी पाए

हर वक़्त कम लगता है जो भी पाता है
दुःख हो या सुःख दिल तो रोता ही रहता है

— Raj

8. इश्क़ में और जंग में

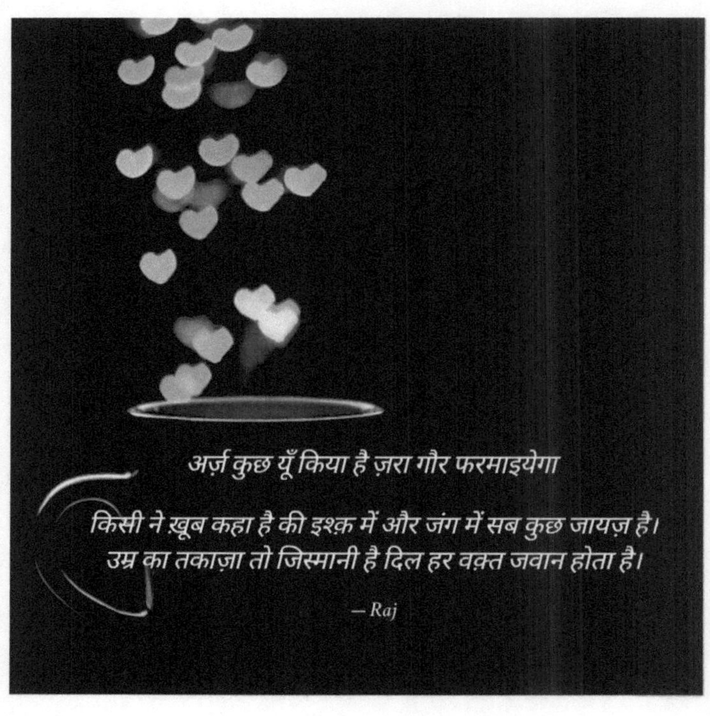

अर्ज़ कुछ यूँ किया है ज़रा गौर फरमाइयेगा

किसी ने ख़ूब कहा है की इश्क़ में और जंग में सब कुछ जायज़ है।
उम्र का तकाज़ा तो जिस्मानी है दिल हर वक़्त जवान होता है।

— Raj

9. नाव और पतवार

अर्ज़ कुछ यूँ किया है ज़रा गौर फरमाइयेगा

मैं तेरा नाव और तुम मेरा पतवार
हम तुम मिलें तो क्या होगा संसार

जहाँ आशियाना खूबसूरत सा होगा
मोहब्बत और बस मोहब्बत ही होगा

— Raj

10. मौत के तरफ़ की दुरी

11. मौत सा हसीन कोई

अर्ज़ कुछ यूँ किया है ज़रा गौर फरमाइयेगा

मौत सा हसीन कोई सच्चाई नही
ज़िन्दगी सा बेवफ़ा कोई ख़्वाब नही

जीना यहाँ किसको है राज़ आई
मौत भी कम्बख़्त हमेशा है आँखे चुराई

—Raj

12. मंज़िल का तो पता नहीं

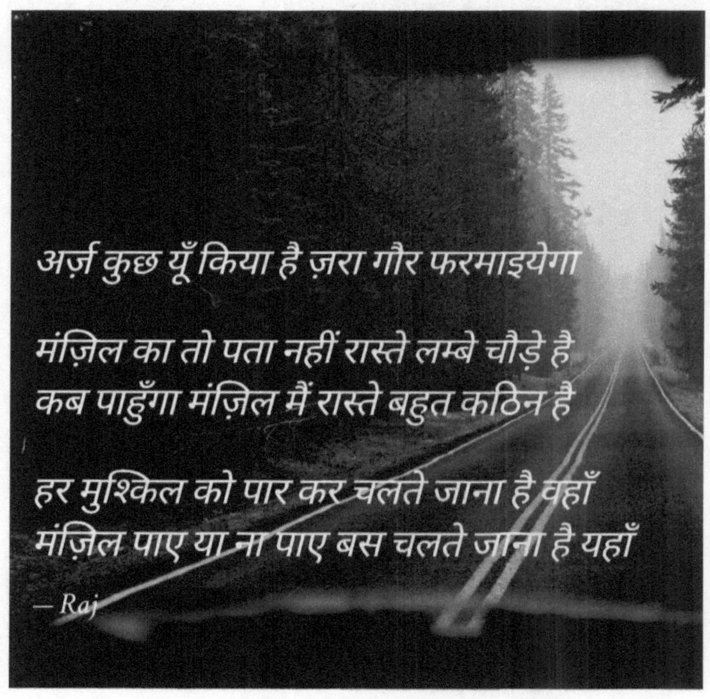

13. मतलब से भरी मोहब्बत

14. धन दौलत की चाहत

15. राह-ए-मोहब्बत

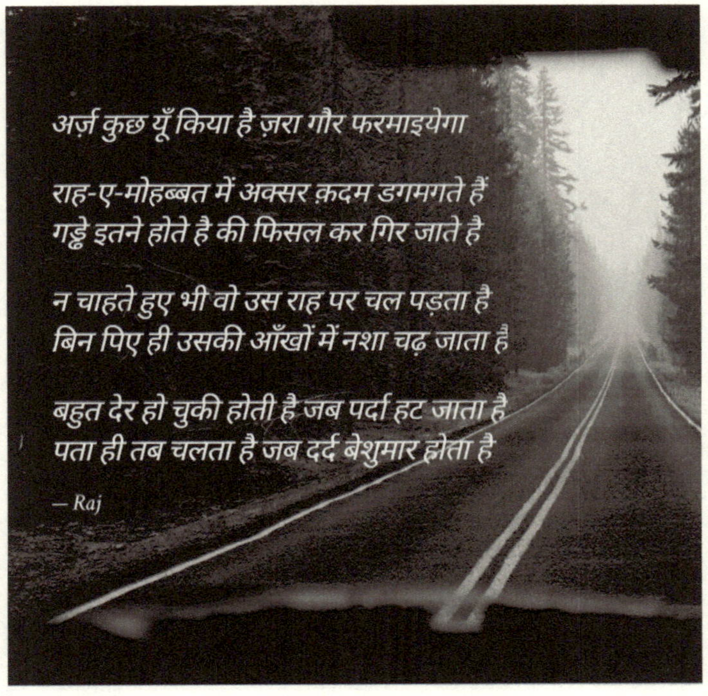

अर्ज़ कुछ यूँ किया है ज़रा गौर फरमाइयेगा

राह-ए-मोहब्बत में अक्सर क़दम डगमगते हैं
गड्ढे इतने होते है की फिसल कर गिर जाते है

न चाहते हुए भी वो उस राह पर चल पड़ता है
बिन पिए ही उसकी आँखों में नशा चढ़ जाता है

बहुत देर हो चुकी होती है जब पर्दा हट जाता है
पता ही तब चलता है जब दर्द बेशुमार होता है

— Raj

16. गुलाब की पंखुड़ी

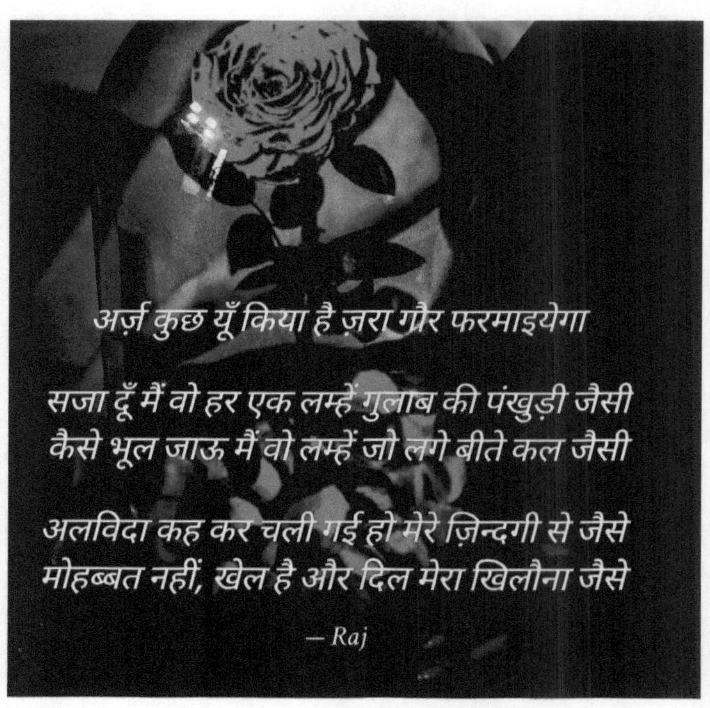

अर्ज़ कुछ यूँ किया है ज़रा गौर फरमाइयेगा

सजा दूँ मैं वो हर एक लम्हें गुलाब की पंखुड़ी जैसी
कैसे भूल जाऊ मैं वो लम्हें जो लगे बीते कल जैसी

अलविदा कह कर चली गई हो मेरे ज़िन्दगी से जैसे
मोहब्बत नहीं, खेल है और दिल मेरा खिलौना जैसे

— Raj

17. ठंडी ठंडी हवा

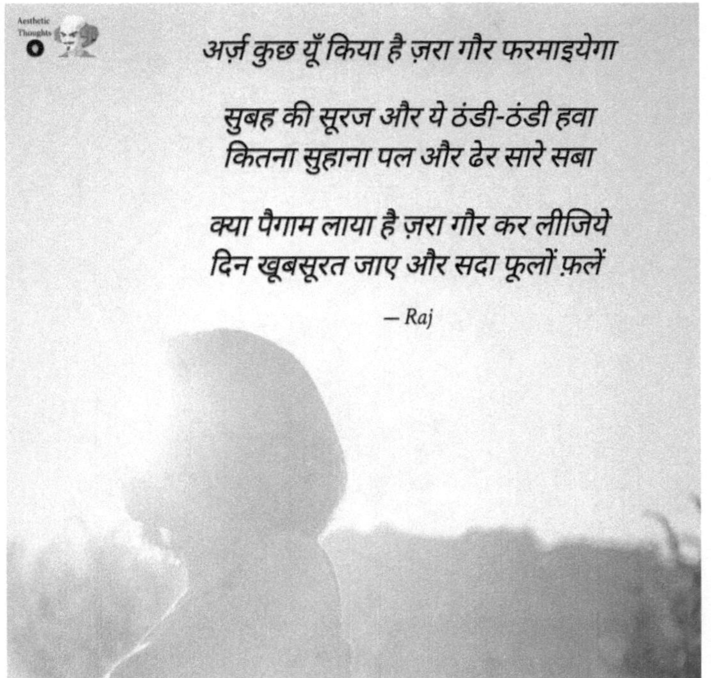

Aesthetic Thoughts
अर्ज़ कुछ यूँ किया है ज़रा गौर फरमाइयेगा

सुबह की सूरज और ये ठंडी-ठंडी हवा
कितना सुहाना पल और ढेर सारे सबा

क्या पैगाम लाया है ज़रा गौर कर लीजिये
दिन खूबसूरत जाए और सदा फूलों ़फलें

— Raj

18. तूफान-ए-मोहब्बत

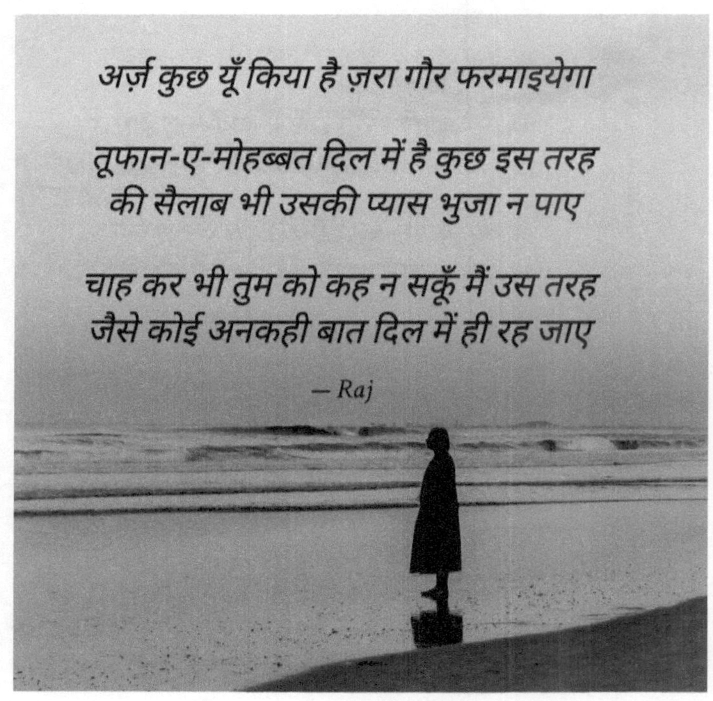

19. ज़ालिम आँखें तेरी

अर्ज़ कुछ यूँ किया है ज़रा गौर फरमाइयेगा

यूँ घूर कर न देख मुझको, हैं ज़ालिम आँखे तेरे
कहीं दिल को घायल कर तुमसे इश्क़ न हो जाए

–Raj

20. ज़ीनत-ए-इश्क़

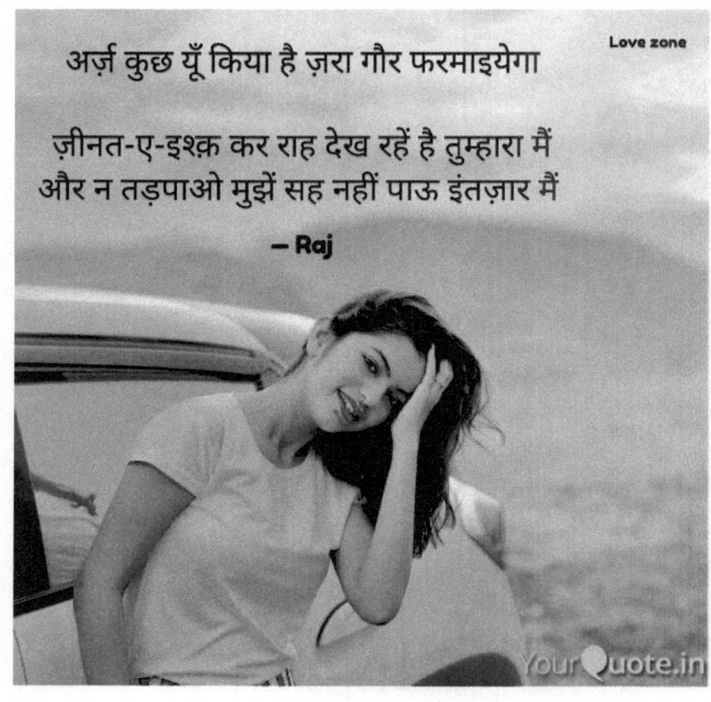

Love zone
अर्ज़ कुछ यूँ किया है ज़रा गौर फरमाइयेगा
ज़ीनत-ए-इश्क़ कर राह देख रहें है तुम्हारा मैं
और न तड़पाओ मुझें सह नहीं पाऊ इंतज़ार मैं
— Raj

21. तन्हा रहना सीखो यारो

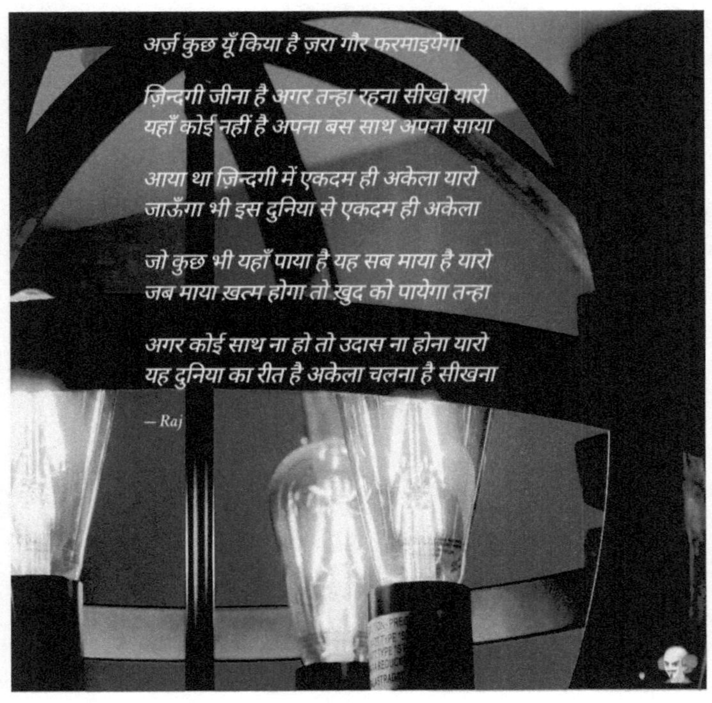

22. अतीत वो गीत है

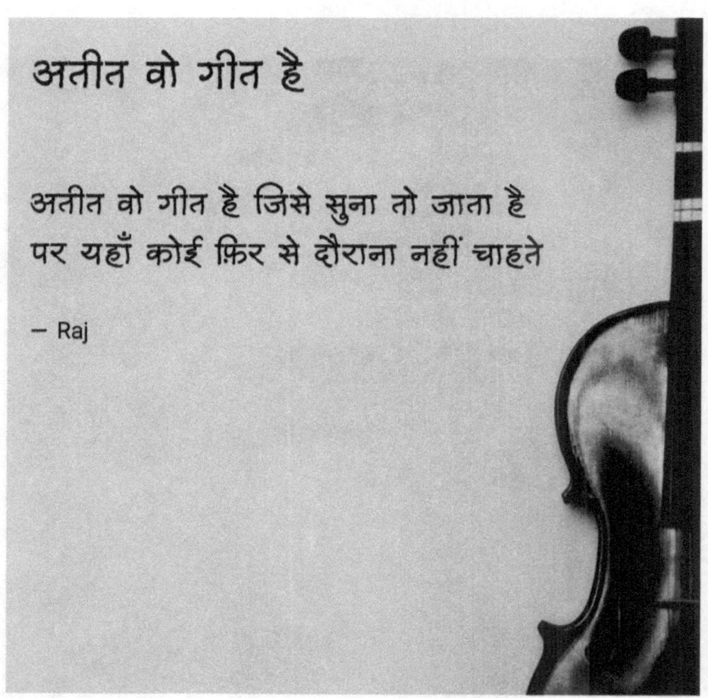

23. झूठ मत बोलो

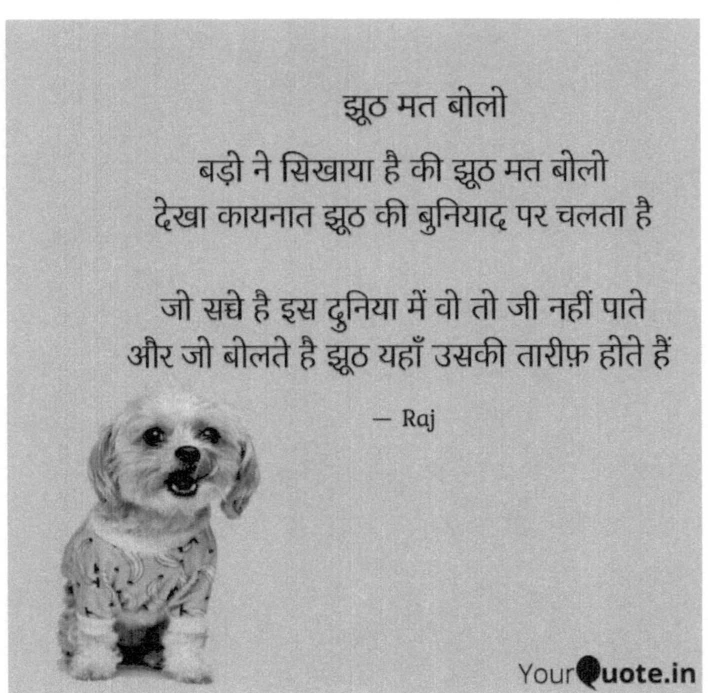

झूठ मत बोली

बड़ो ने सिखाया है की झूठ मत बोली
देखा कायनात झूठ की बुनियाद पर चलता है

जो सच्चे है इस दुनिया में वो तो जी नहीं पाते
और जो बोलते है झूठ यहाँ उसकी तारीफ़ होते हैं

— Raj

24. भोली सी सूरत

भोली सी सूरत हो और आँखों में मस्ती
गिरा रही हो बिजली जब तुम मुस्कुराती

बेहोश हो जाएंगे लोग जब तुम्हे वो देखे
क्यों करती हो सरारत और देते हो धोखे

– Raj

25. भोर का आलम

भोर का आलम

भोर का आलम और उसकी सुंदरता
उम्मीद की किरण बिखेर रहा है
एक नई शुरुआत के लिए

— Raj

— कलम के कलाकार

Your Quote.in

26. भरोसा ख़ुद पर करो

27. ज़िंदगी कहीं तो पहुँचा दे

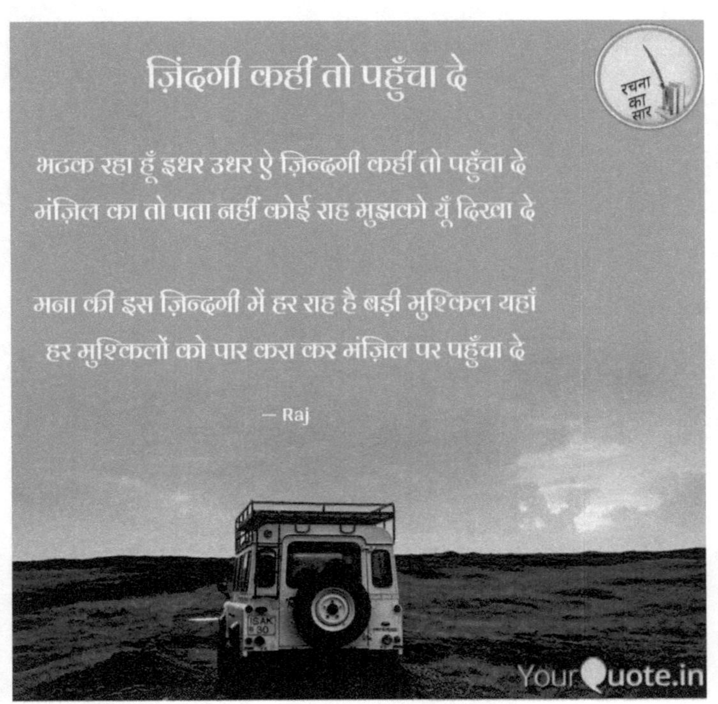

28. बरसात सिखाती है

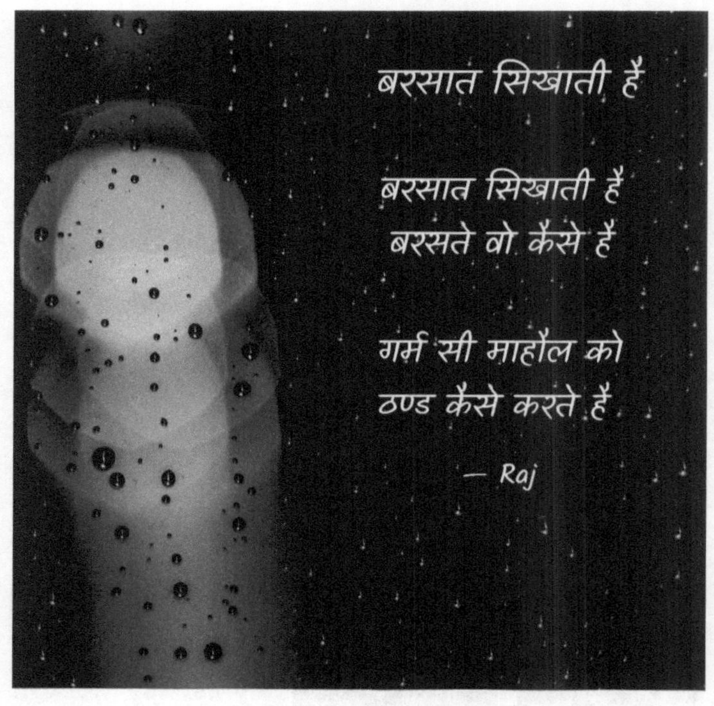

29. बरसता पानी

बरसता पानी

बरसता पानी ने कहर ढाया है कायनात में
चारों और पानी ही पानी और लोग परेशान है

सीखता नहीं इन्सान उसकी ख़ुद की ग़लती से
और काटो पेड़-पौधे और खेलो कायनात से

— Raj

30. मेरा प्यार है

"मेरा प्यार है"
चाहत का क्या कहे तुम बिन रह न पाऊँ मैं
जो फ़िक्र है मुझें तेरा ये तो बस मेरा प्यार है

जुदा न हो पाऊँ तुमसे मैं पल भर के लिए
बस मोहब्बत का नशा छाया है दिल में मेरे

— Raj

31. अच्छा-बुरा देख कर

अच्छा-बुरा देख कर
चलें दो क़दम संभलकर
कहीं फस न जाए राह पर
यह सोच कर न डरा कर

मुश्किलें होता है हर डगर पर
जिसे हँस कर तुम पार कर
पहुँचा कर उस मंज़िल पर
कहीं देर न हो जाए कहीं पर

— Raj

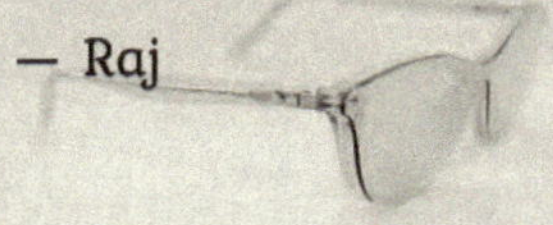

32. दिखाई नहीं दे रहा तुम्हे

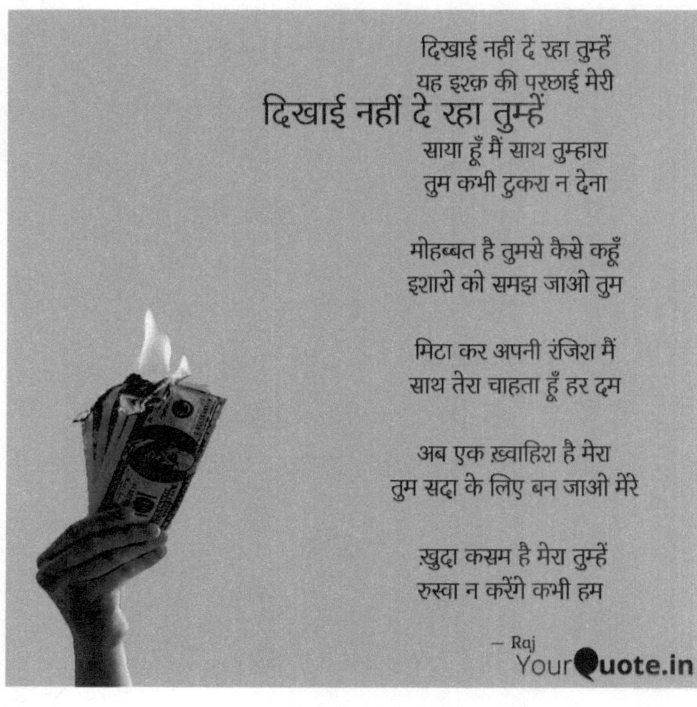

33. कैमरा में कैद लम्हा

34. दिल पर ज़रा हाथ रख दो

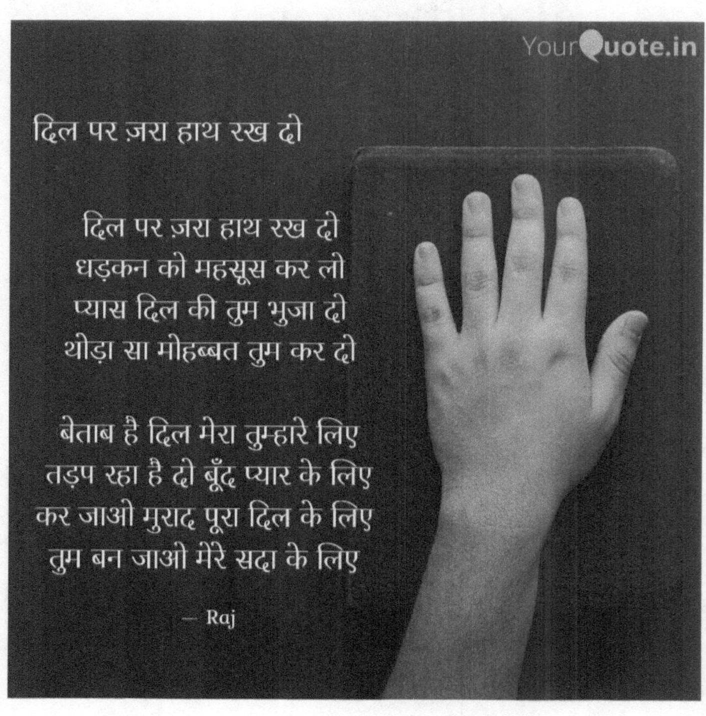

35. दिये जलते है सुकून के

36. दो दिल मिल रहे

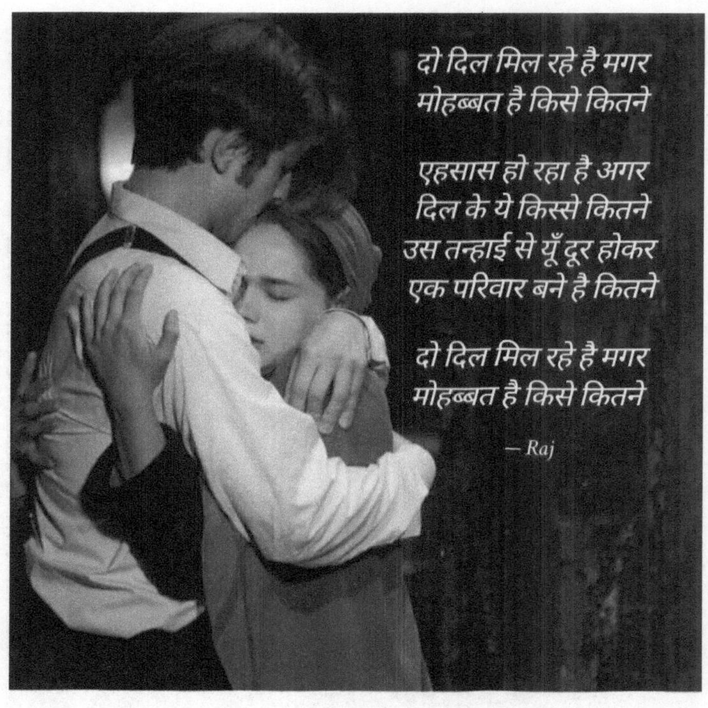

दो दिल मिल रहे है मगर
मोहब्बत है किसे कितने

एहसास हो रहा है अगर
दिल के ये किस्से कितने
उस तन्हाई से यूँ दूर होकर
एक परिवार बने है कितने

दो दिल मिल रहे है मगर
मोहब्बत है किसे कितने

— Raj

37. दर्द बेजुबाँ है

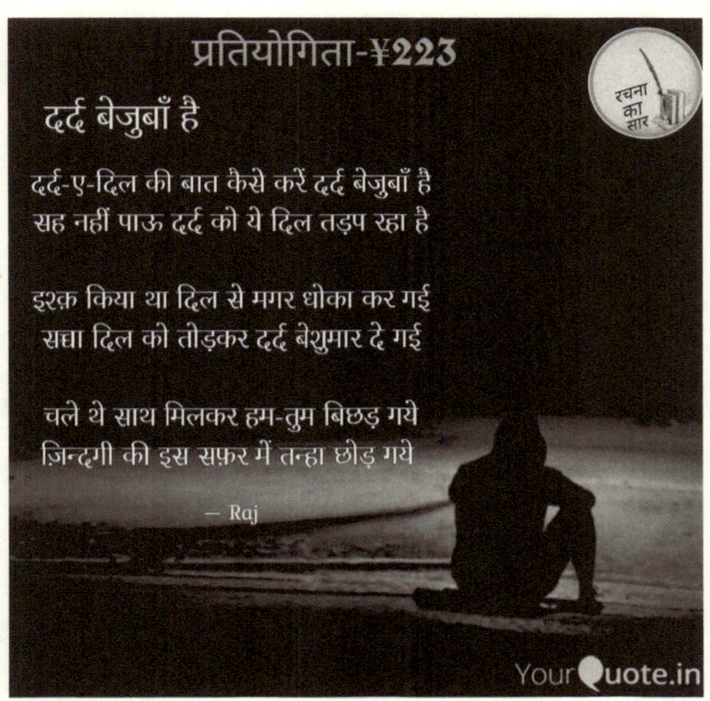

प्रतियोगिता-¥223
दर्द बेजुबाँ है

दर्द-ए-दिल की बात कैसे करें दर्द बेजुबाँ है
सह नहीं पाऊ दर्द को ये दिल तड़प रहा है

इश्क़ किया था दिल से मगर धोका कर गई
सच्चा दिल को तोड़कर दर्द बेशुमार दे गई

चले थे साथ मिलकर हम-तुम बिछड़ गये
ज़िन्दगी की इस सफ़र में तन्हा छोड़ गये

— Raj

रचना का सार

Your Quote.in

38. बारिश के दिनों में

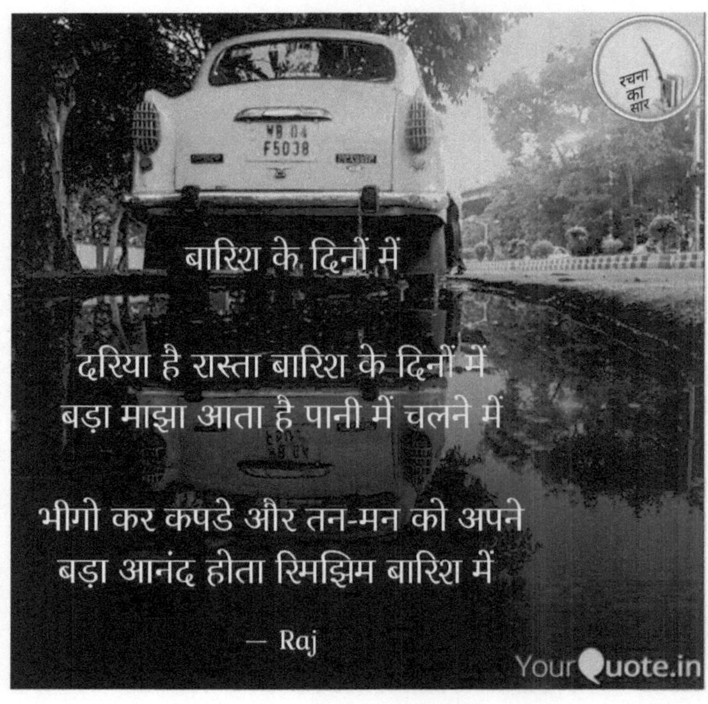

बारिश के दिनों में

दरिया है रास्ता बारिश के दिनों में
बड़ा माझा आता है पानी में चलने में

भीगो कर कपडे और तन-मन को अपने
बड़ा आनंद होता रिमझिम बारिश में

— Raj

YourQuote.in

39. आरज़ू - इच्छा

आरज़ू/آرزو
desire/इच्छा

एक ही आरज़ू था मेरा जीवन में सच्चा इश्क़ पाने की
तलाशता रहा सारा कायनात पर कहीं मिला नहीं

— Raj

YourQuote.in

40. हर हारे हुए इंसान

41. एक शाम की कहानी

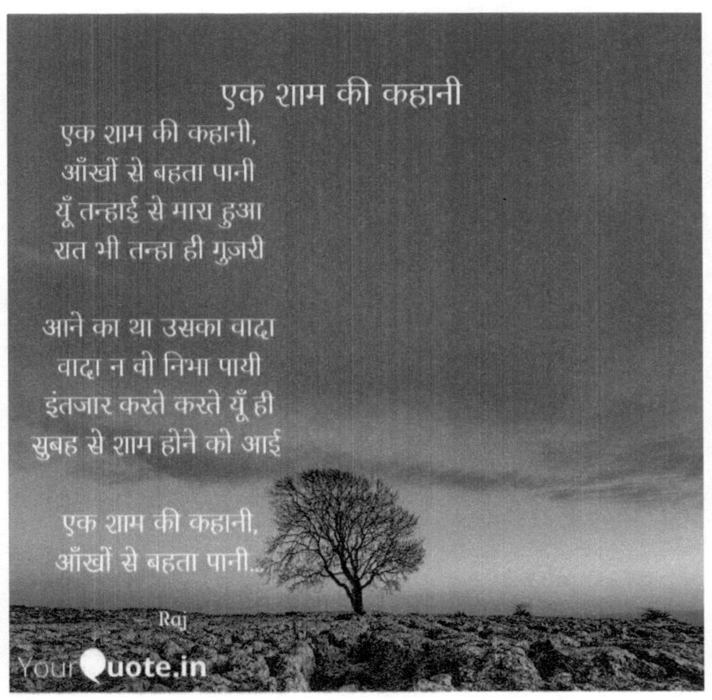
एक शाम की कहानी
एक शाम की कहानी,
आँखों से बहता पानी
यूँ तन्हाई से मारा हुआ
रात भी तन्हा ही गुज़री

आने का था उसका वादा
वादा न वो निभा पायी
इंतजार करते करते यूँ ही
सुबह से शाम होने को आई

एक शाम की कहानी,
आँखों से बहता पानी..

- Raj
YourQuote.in

42. घड़ी को देखकर

घड़ी को देखकर वक़्त गुज़ारने वाले
ज़रा ये तो बता गुज़रा वक़्त का क्या करें

सही इस्तेमाल हो हर वक़्त का जब
हर एक पल गुज़ारे और लोग मेहनत करें

— Raj

43. ग़म किस बात का

• 43 •

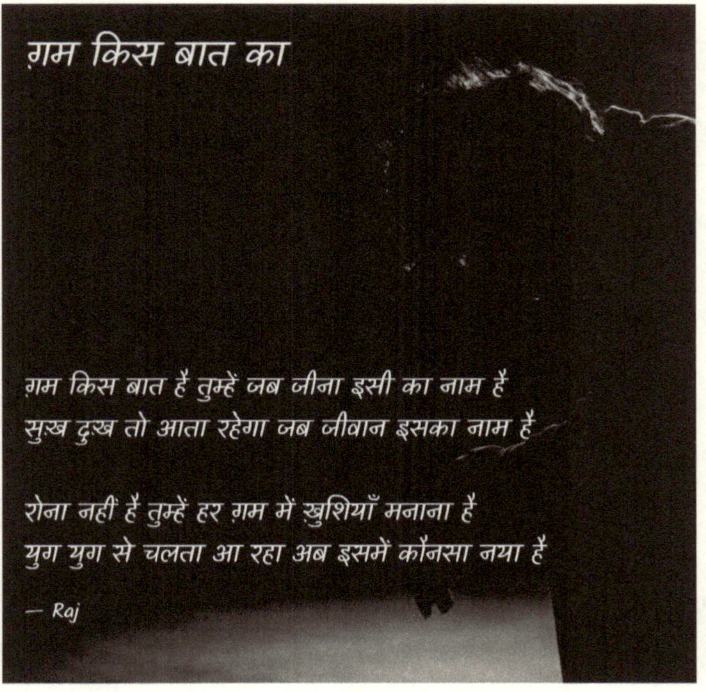

44. संख्या

संख्या

गणितों की इस दुनिया में संख्या बिना कोई काम नहीं
बिना किसी मूल्य इस जहाँ में कोई चीज़ बिकता नहीं

हर एक का दाम लगा है इन्सान भी कहीं छूटता नहीं
गज़ब हो जाता कायनात में अगर ये संख्या होते नहीं

— Raj

45. हर रास्ता आसान नहीं होता

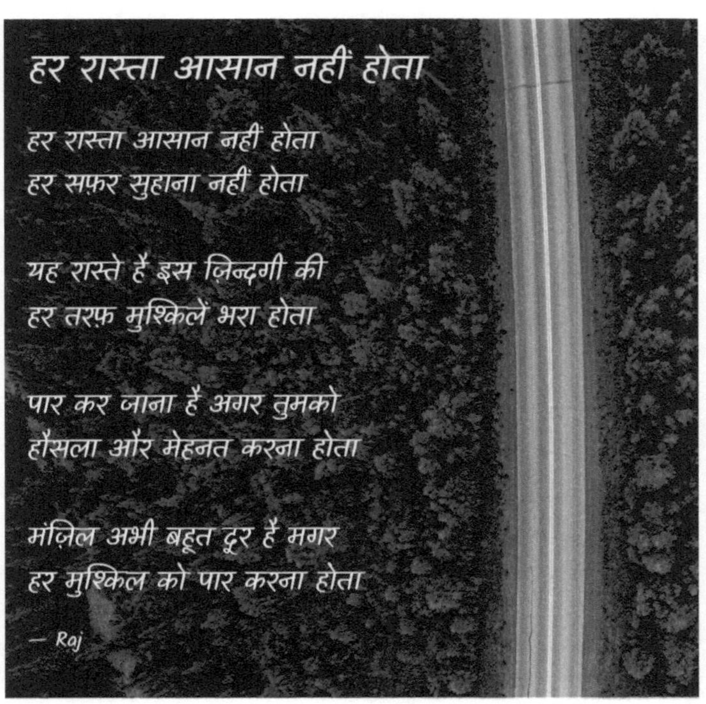

46. अब तुम्हारी ज़रूरत नहीं

47. लम्स - स्पर्श

इंतज़ार है उल्फ़त में एक लम्स की तेरे
मोहब्बत में कर दूंगा मेरी जान तेरे हवाले
— Raj
लम्स/لمس
touch/स्पर्श
YourQuote.in

48. एक इशारा चाहिए

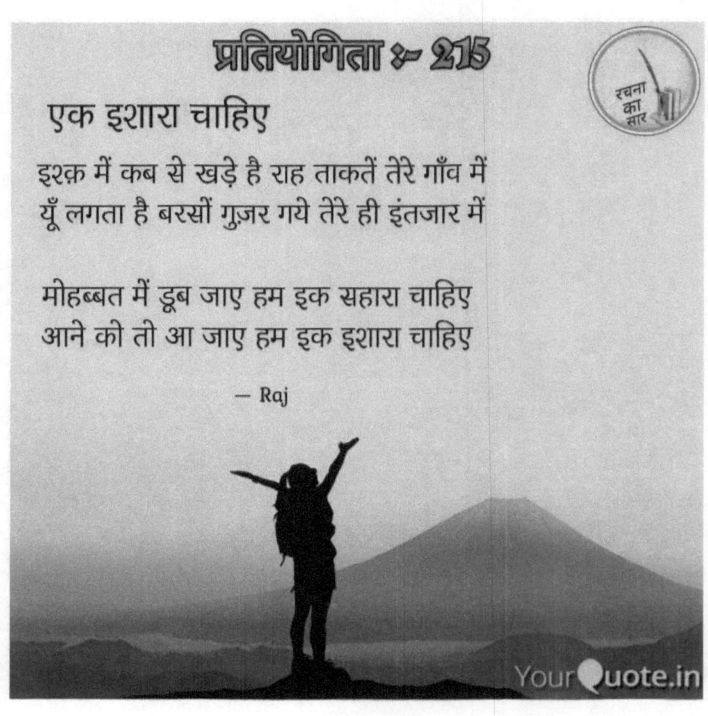

प्रतियोगिता :- 215
एक इशारा चाहिए
इश्क़ में कब से खड़े है राह ताकतें तेरे गाँव में
यूँ लगता है बरसीं गुज़र गये तेरे ही इंतजार में

मोहब्बत में डूब जाए हम इक सहारा चाहिए
आने की ती आ जाए हम इक इशारा चाहिए

— Raj
YourQuote.in

49. क़ाबिल - योग्य

क़ाबिल/قابل
Able/योग्य

इश्क़ से महरूम हूँ काश मुझें मोहब्बत मिल जाए
क्या मैं इतना भी क़ाबिल नहीं तेरा प्यार मिल जाए

– Raj

YourQuote.in

50. इश्क़ वो किताब है

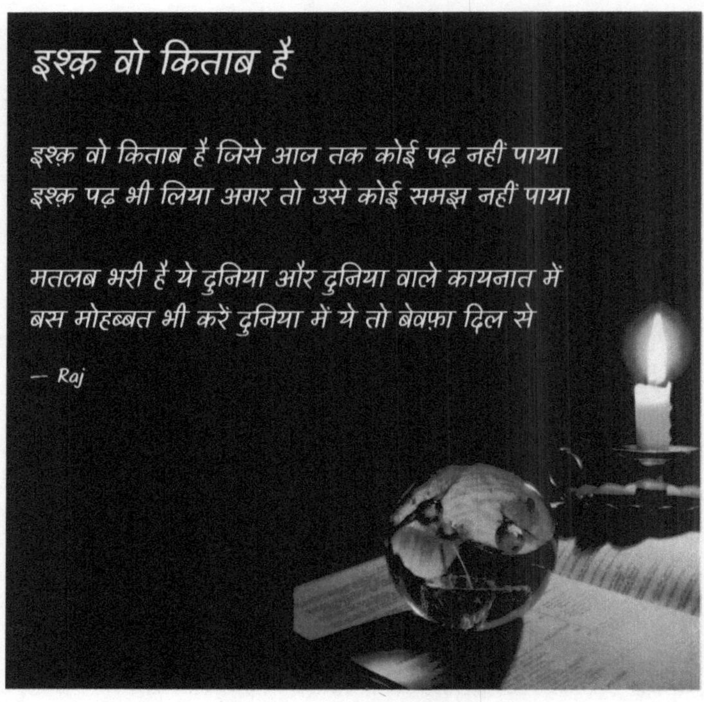

इश्क़ वो किताब है

इश्क़ वो किताब है जिसे आज तक कोई पढ़ नहीं पाया
इश्क़ पढ़ भी लिया अगर तो उसे कोई समझ नहीं पाया

मतलब भरी है ये दुनिया और दुनिया वाले कायनात में
बस मोहब्बत भी करें दुनिया में ये तो बेवफ़ा दिल से

— Raj

51. कट्टरपंथी और हिंसा

जाहिल गवार अगर शाशक हो किसी देश का
सोचो क्या हाल होता होगा उसके आवाम का

कट्टरपंथी और हिंसा से भरा हुआ माहौल हो
वहाँ औरतें और बच्चों पर जब अत्याचार हो

देखो कितनी पीड़ा और दर्दनाक होगा वो मंजर
जहाँ पर लाशें ही लाशें बिक्रे सड़को पे चारों और

— Raj

52. अजनबी - अपरिचित

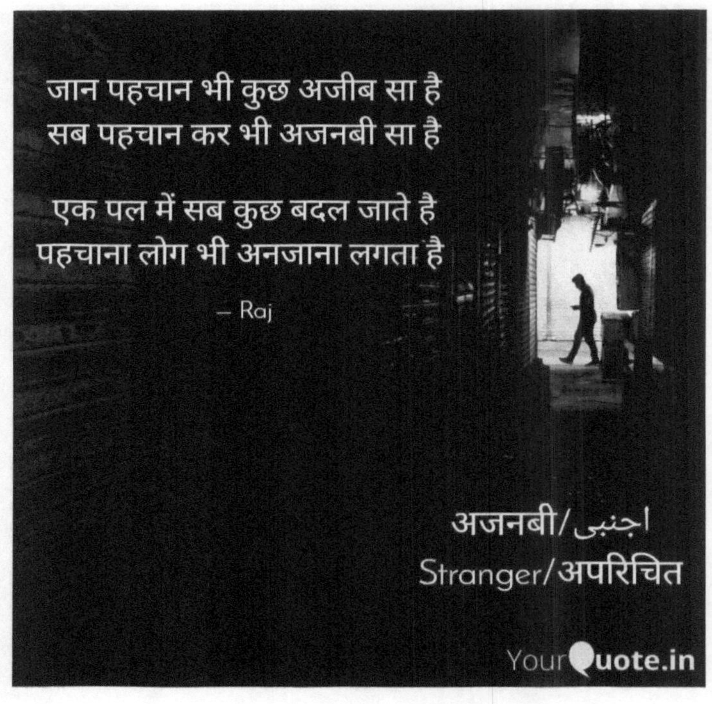

53. जब कोई साथ होता है

54. मुलाक़ात हुई होंठों से

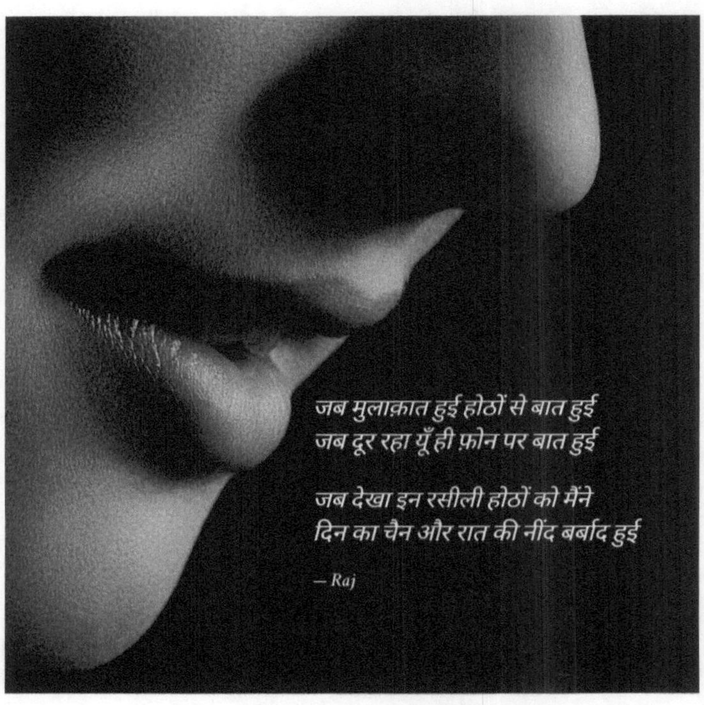

55. मिलना था इत्तिफ़ाक़

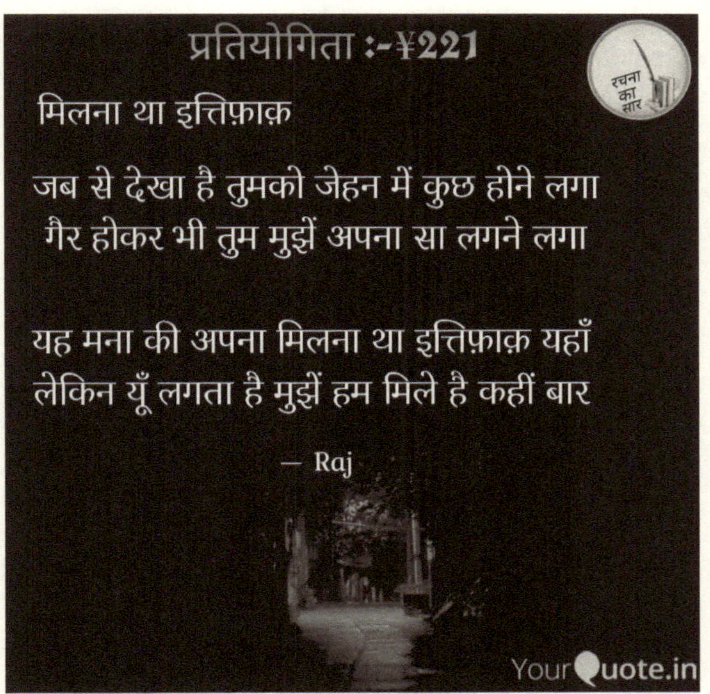

56. वक़्त निकल जाने से पहले

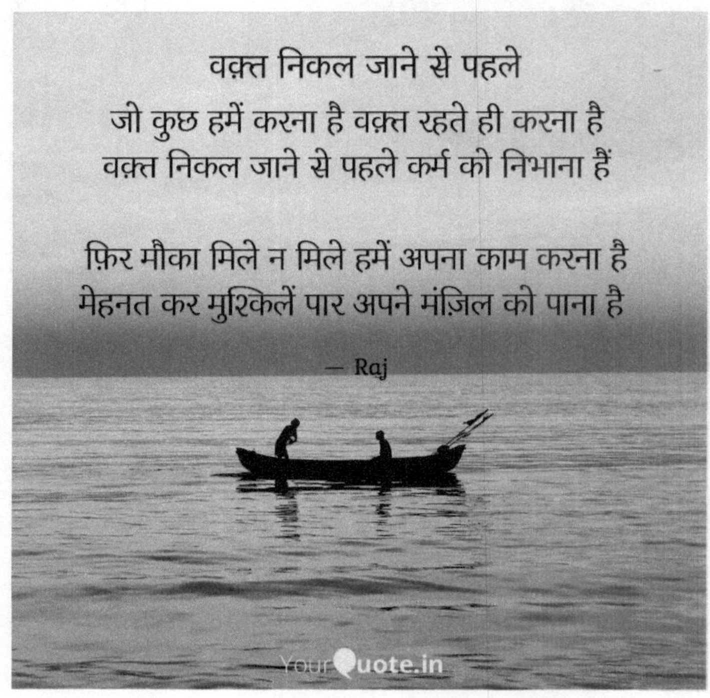

57. वक़्त की क़ीमत

वक़्त की क़ीमत
जो न पहचाने वो क्या जाने
पाबन्दी क्या है
वक़्त वक़्त की बात है
वक़्त अगर निकल जाए
वापस नहीं आते

— Raj

58. काम भी करो, विश्राम भी

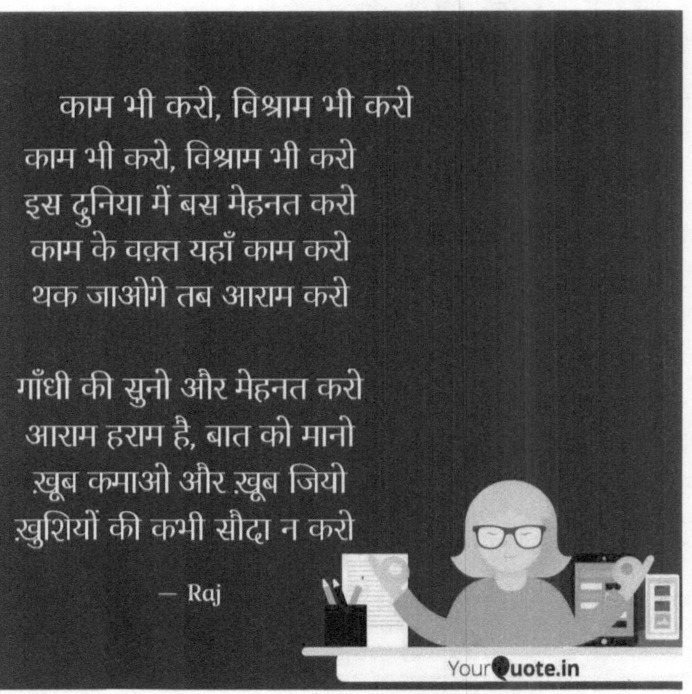

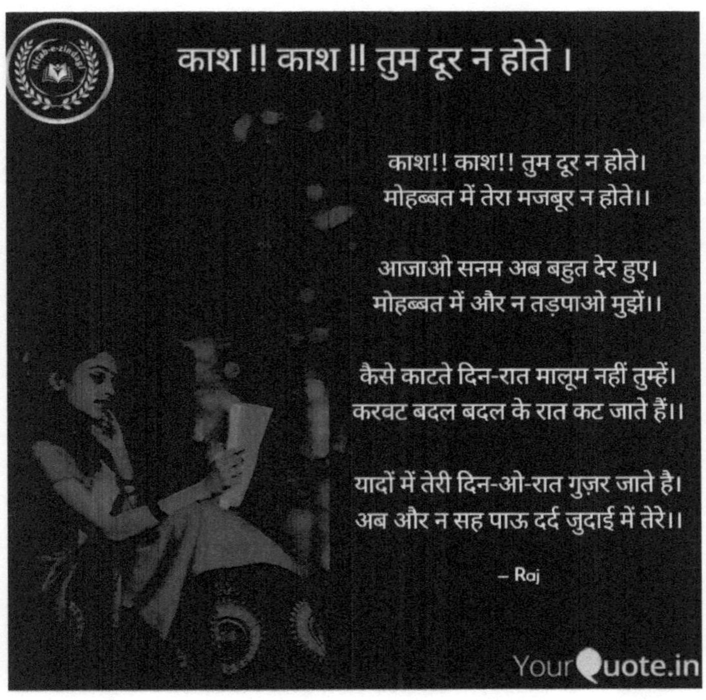

काश !! काश !! तुम दूर न होते ।

काश!! काश!! तुम दूर न होते।
मोहब्बत में तेरा मजबूर न होते।।

आजाओ सनम अब बहुत देर हुए।
मोहब्बत में और न तड़पाओ मुझें।।

कैसे काटते दिन-रात मालूम नहीं तुम्हें।
करवट बदल बदल के रात कट जाते हैं।।

यादों में तेरी दिन-ओ-रात गुज़र जाते है।
अब और न सह पाऊ दर्द जुदाई में तेरे।।

– Raj

YourQuote.in

60. काश कोई समझ पाए

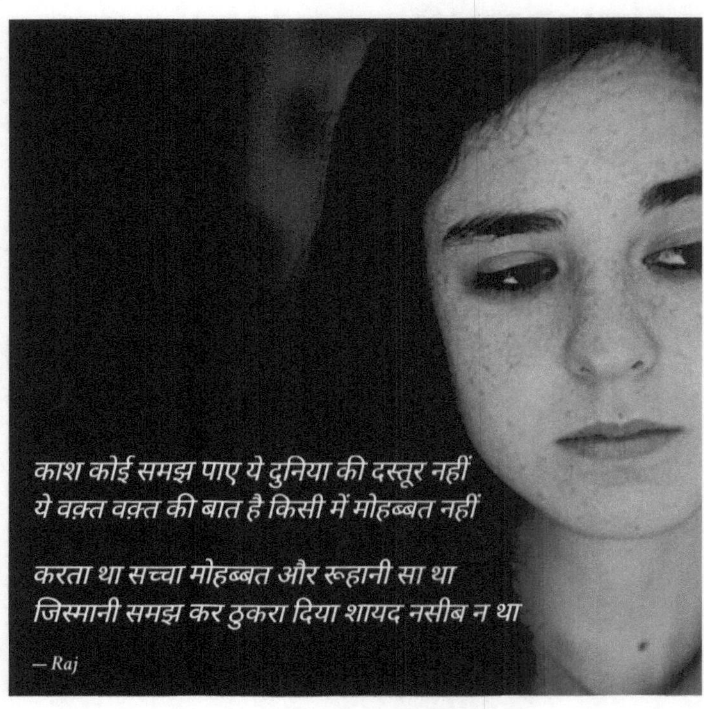

61. कैसे प्यार करना है

62. दिल आड़े आ जाता है

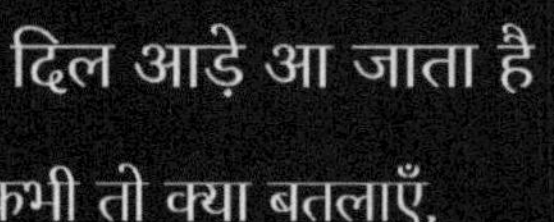

दिल आड़े आ जाता है

कभी-कभी तो क्या बतलाएँ,
दिल ही आड़े आ जाता है
कभी-कभी तो क्या बतलाएँ,
मोहब्बत ही जान बन जाता है

दिल कहने को कुछ और चाहे
बात ही आड़े आ जाता है
इशारो में किये बातें समझ पाये
नज़रें ही झुक कर खो जाता है

— Raj

63. दीप जगमगाते रहें

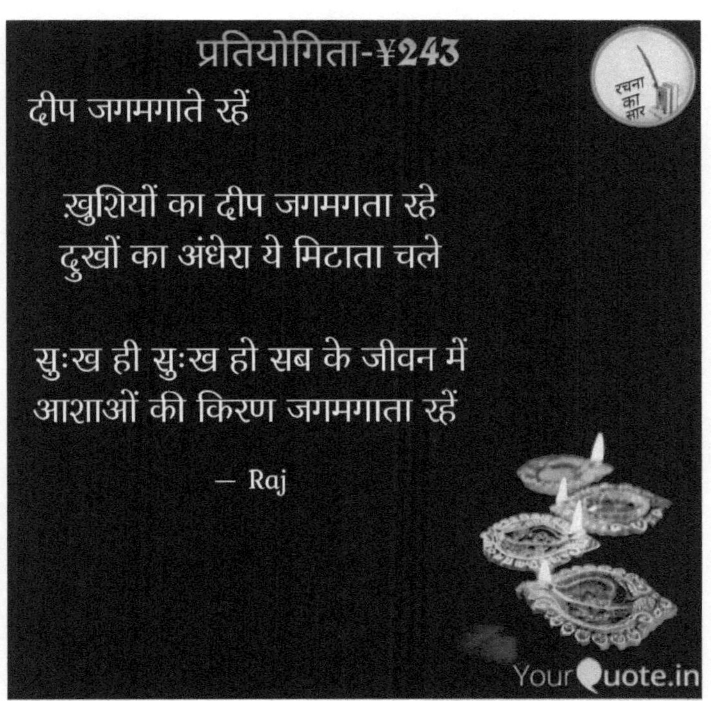

64. कितना अच्छा होता अगर

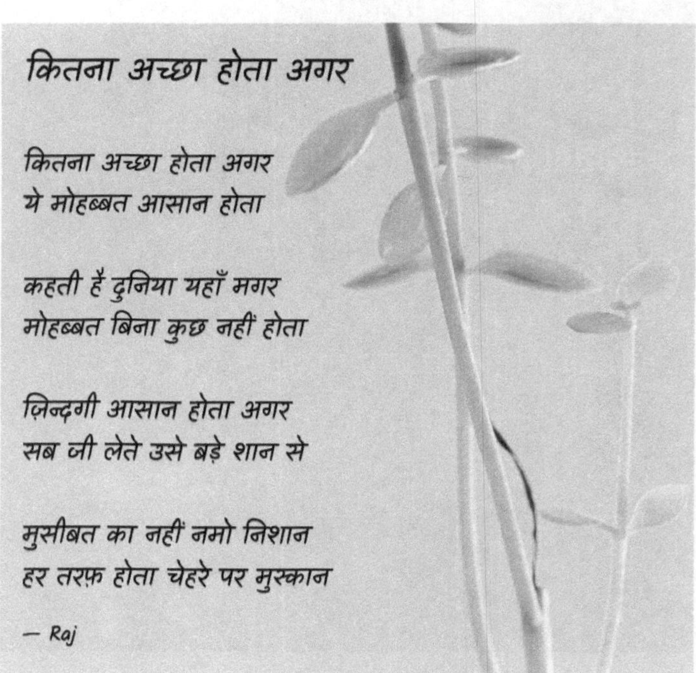

65. वो रास्ते अच्छे नहीं लगते

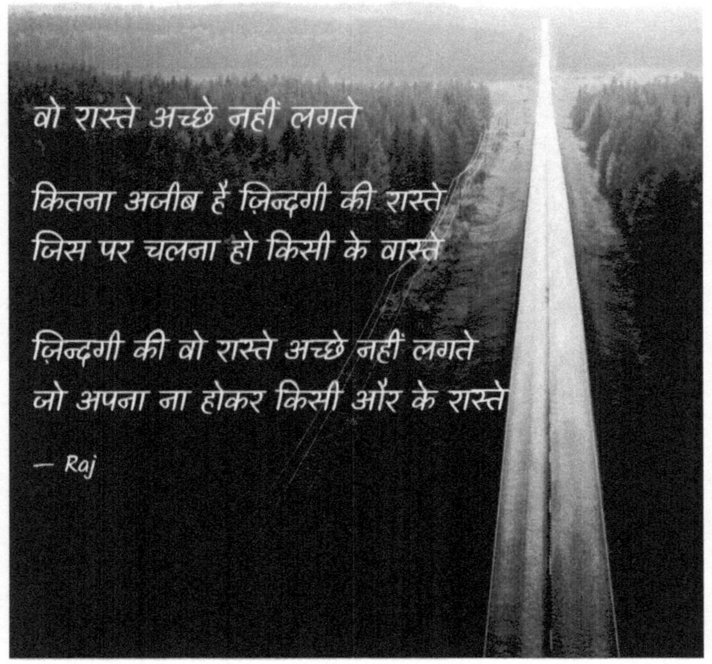

66. कलयुग का अंत

कलयुग का अंत आने को हैं लोग यहाँ हैवान बने हुए हैं
काट रहे है इन्सान को, जैसे इन्सान नहीं कोई तरबूजा है

हिंसा तो अब ज़्यादा होती ही रहेगी इस कायनात में
कोई रोख नहीं पायेगा, काल चक्र का अंत होने को है

नैसर्गिक त्रासदी और आपदा भी होती ही रहेगी यहाँ
क्योंकी इस दुनिया में निसर्ग से इन्सान जो खेल रहा है

एक कहावत है जो सच साबित होता जा रहा है
"बुद्धि जब भ्रस्ट होता है तो विनाश लेकर आता है"

— *Raj*

67. समझ में नहीं आता

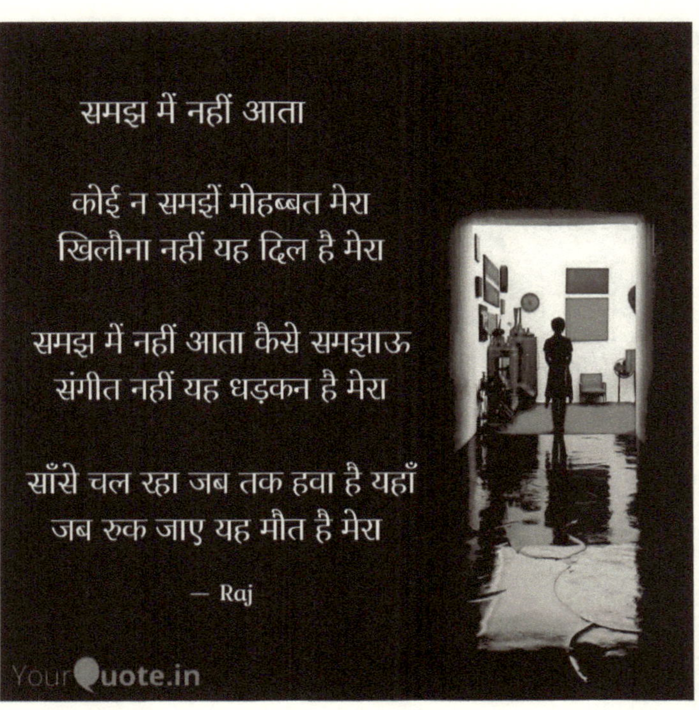

समझ में नहीं आता

कोई न समझें मोहब्बत मेरा
खिलौना नहीं यह दिल है मेरा

समझ में नहीं आता कैसे समझाऊ
संगीत नहीं यह धड़कन है मेरा

साँसे चल रहा जब तक हवा है यहाँ
जब रुक जाए यह मौत है मेरा

— Raj

68. कुछ रिश्ते सुरु होने..

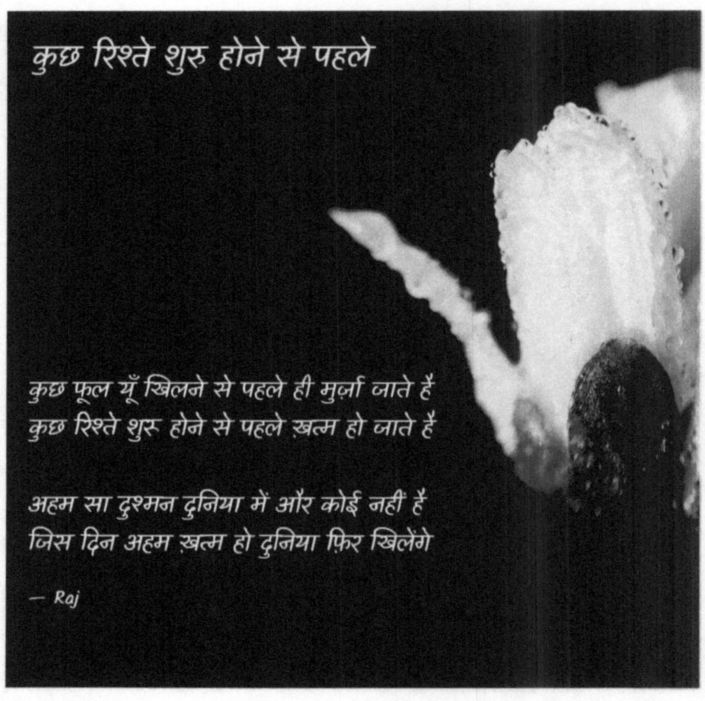

69. मिज़ाज सी शाम

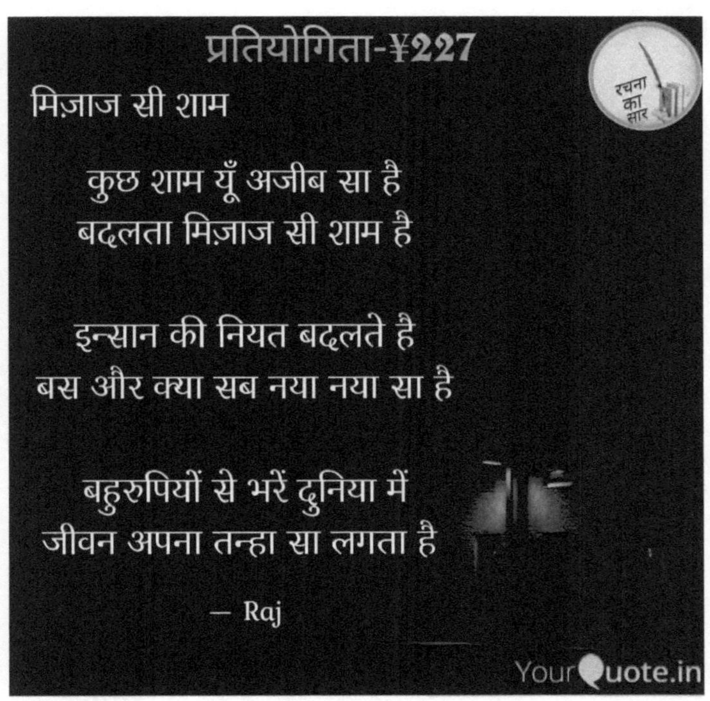

प्रतियोगिता-₹227
मिज़ाज सी शाम

कुछ शाम यूँ अजीब सा है
बदलता मिज़ाज सी शाम है

इन्सान की नियत बदलते है
बस और क्या सब नया नया सा है

बहुरुपियों से भरें दुनिया में
जीवन अपना तन्हा सा लगता है

— Raj
YourQuote.in

70. लम्बी हो मंज़िल

लम्बी हो मंज़िल तो रास्ता ना मोड़ना

लम्बी हो मंज़िल तो रास्ता ना मोड़ना
चलता चला जा पर उम्मीद ना छोड़ना

मुश्किल भरी हो या हो टेढ़े मेटे रास्ते
हर मुश्किल को पार यूँ कर लेना हँसते

हौसला बुलंद हो मिल जाए मंज़िल तुम्हे
उम्मीद की डगर पर पा लेना है सब तुम्हे

— Raj

71. मेरी तन्हाई

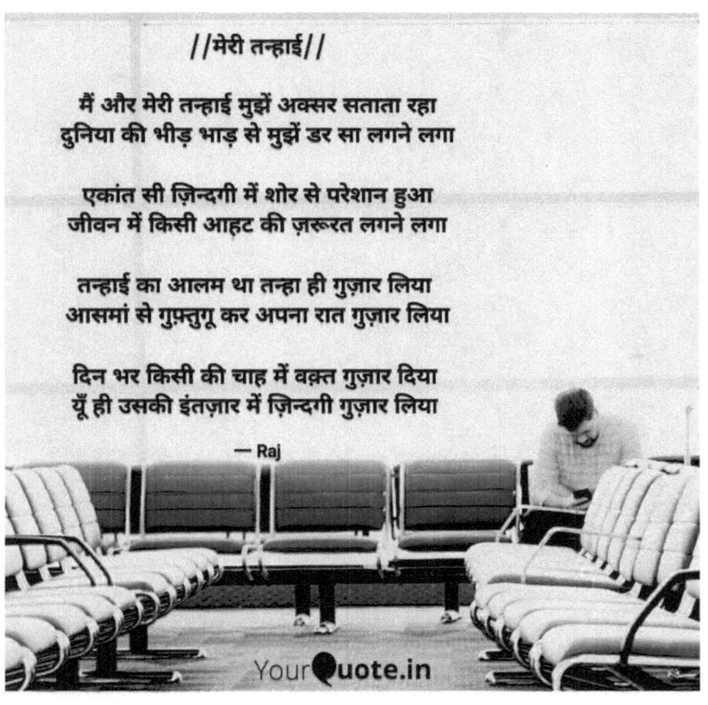

//मेरी तन्हाई//

मैं और मेरी तन्हाई मुझें अक्सर सताता रहा
दुनिया की भीड़ भाड़ से मुझें डर सा लगने लगा

एकांत सी ज़िन्दगी में शोर से परेशान हुआ
जीवन में किसी आहट की ज़रूरत लगने लगा

तन्हाई का आलम था तन्हा ही गुज़ार लिया
आसमां से गुफ़्तुगू कर अपना रात गुज़ार लिया

दिन भर किसी की चाह में वक़्त गुज़ार दिया
यूँ ही उसकी इंतज़ार में ज़िन्दगी गुज़ार लिया

— Raj

72. मलाल - दुःख

मलाल की चिंता न कर ए दोस्त मेरे
यह दो दिन का मेहमान है

फूल खिलेंगे गुलशन-गुलशन यहाँ
बस बहार का इंतज़ार करें

— Raj

मलाल/ملال
regret/दुःख
YourQuote.in

73. मंज़िल की तलाश

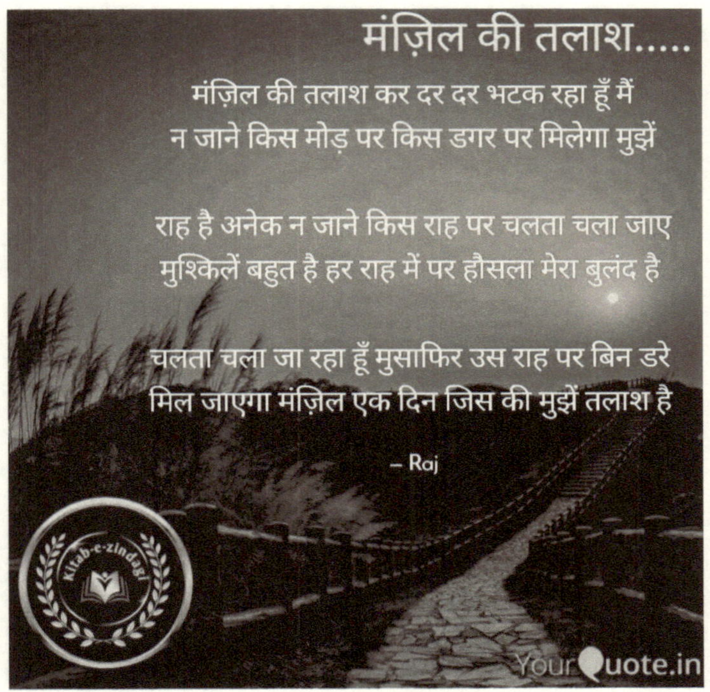

मंज़िल की तलाश.....
मंज़िल की तलाश कर दर दर भटक रहा हूँ मैं
न जाने किस मोड़ पर किस डगर पर मिलेगा मुझें

राह है अनेक न जाने किस राह पर चलता चला जाए
मुश्किलें बहुत है हर राह में पर हौसला मेरा बुलंद है

चलता चला जा रहा हूँ मुसाफिर उस राह पर बिन डरे
मिल जाएगा मंज़िल एक दिन जिस की मुझें तलाश है

– Raj

74. मंज़िल

मंज़िल / Destination

मंज़िल पर आकर रुक जाती है ये ज़िन्दगी की कारवां
रास्ते तो बहुत है पर जहाँ ख़त्म हो जाए मौत है वहाँ

— Raj

Rest Zone

75. मक़ाम - स्थान

मुकम्मल-ए-इश्क़ जहाँ हो जाए
मोहब्बत का मक़ाम मिल जाए

– Raj

मक़ाम/مقام
place/स्थान
YourQuote.in

76. मोहब्बत किया था तुमसे

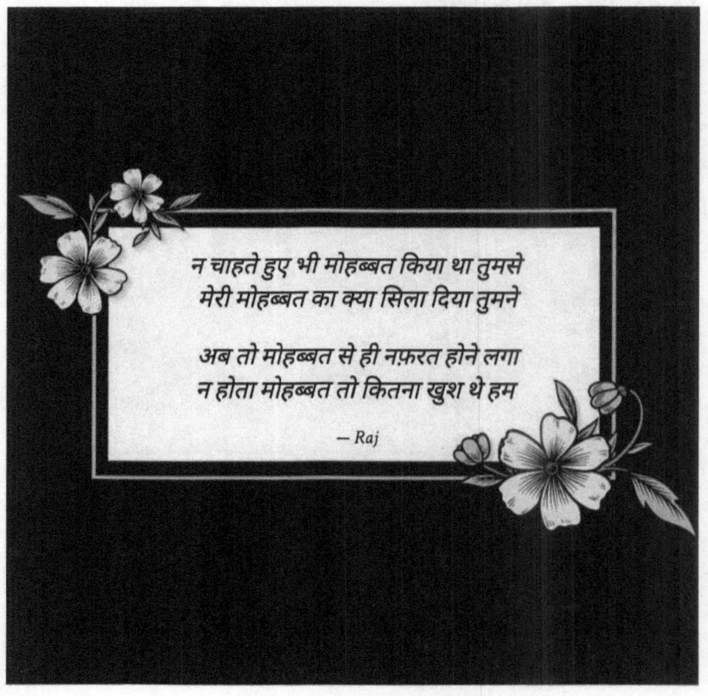

77. कुछ तो खोया है

कुछ तो खोया है

पा लेते है इन्सान अगर कुछ पाना है
पाने के चक्कर में वो कुछ तो खोया है

खोये बिना कुछ पा लेना असंभव है
खोकर कुछ पाना ये दुनिया की रीत है

— Raj

YourQuote.in

78. कल ही की तो बात है

कल ही की तो बात है

पल भर भी न गुज़रे थे साथ ये तेरा और मेरा
मानो कल ही की तो बात है लगे जैसे सदियों का मारा

— Raj

79. पढ़ना लिखना

//पढ़ना लिखना //

जाना है स्कूल पर बाबा के पास पैसे नहीं
गरीब हूँ मैं पर किसी से कोई वास्ता नहीं

पढ़ना लिखना चाहता हूँ पर तकदीर नहीं
खाने को तरसता हूँ मैं पर ऐसियत नहीं

जब देखता हूँ औरों को स्कूल जाते हुए
मन मेरा भी करता है खूब पढ़ने के लिए

खुदा का खेल है न जाने क्या कर्म है मेरा
हर रोज तड़पता हूँ एक सिक्के के लिए

जब भी कुछ मिल जाए तकदीर छीन लेता
दो वक़्त की रोटी मिल जाए पेट भर जाता

जीना है इस दुनिया में बस यहीं ख़्वाब रहा
बाकी सब अब तकदीर के हवाले ही रहा

— Raj

80. पुरानी हो गयी अब

YourQuote.in
पुरानी हो गयी अब जग में ये रीत

पुरानी हो गयी अब जग में ये रीत
ना ही जीवन रहा और ना ही संगीत

चलता है सब दुनिया में चलता रहेगा
धन दौलत के आगे सब झुकता रहेगा

कारोबार बना अब यह जग़ की ये रीत
इन्सान है यहाँ जिसका कोई न मीत

— Raj

81. चेहरे तमाम लगने लगे

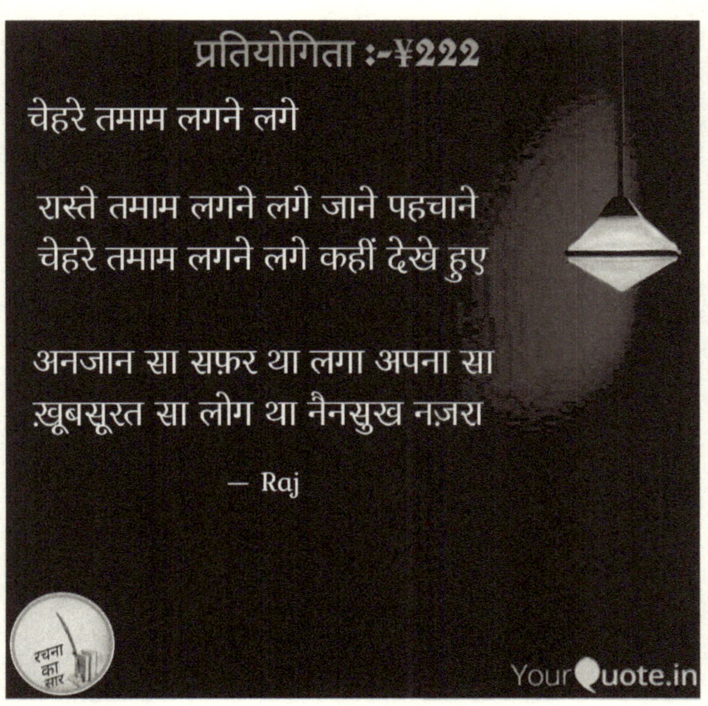

82. रात गुमसुम है मगर

रात गुमसुम है मगर

रात गुमसुम है मगर तन्हाई का आलम है
शोर है दिल में मगर ज़ुबान पर फ़रमान है

सितारों सी रात मगर चाँद भी शरमाया है
घंगोर अंधेरा है मगर चाँदनी ही गायब है

— Raj

83. रात की बातें

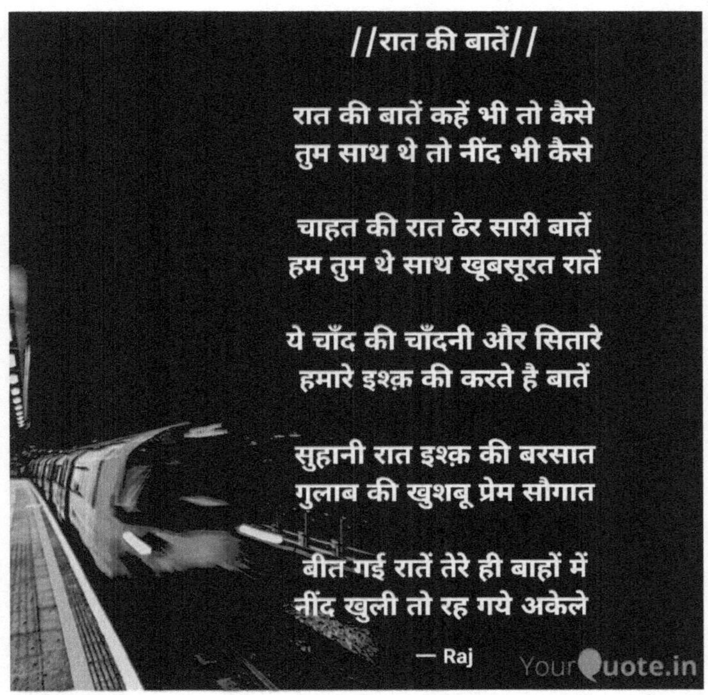

//रात की बातें//

रात की बातें कहें भी तो कैसे
तुम साथ थे तो नींद भी कैसे

चाहत की रात ढेर सारी बातें
हम तुम थे साथ खूबसूरत रातें

ये चाँद की चाँदनी और सितारे
हमारे इश्क़ की करते है बातें

सुहानी रात इश्क़ की बरसात
गुलाब की खुशबू प्रेम सौगात

बीत गई रातें तेरे ही बाहों में
नींद खुली तो रह गये अकेले

— Raj
YourQuote.in

84. मोहब्बत भी लगता शापित

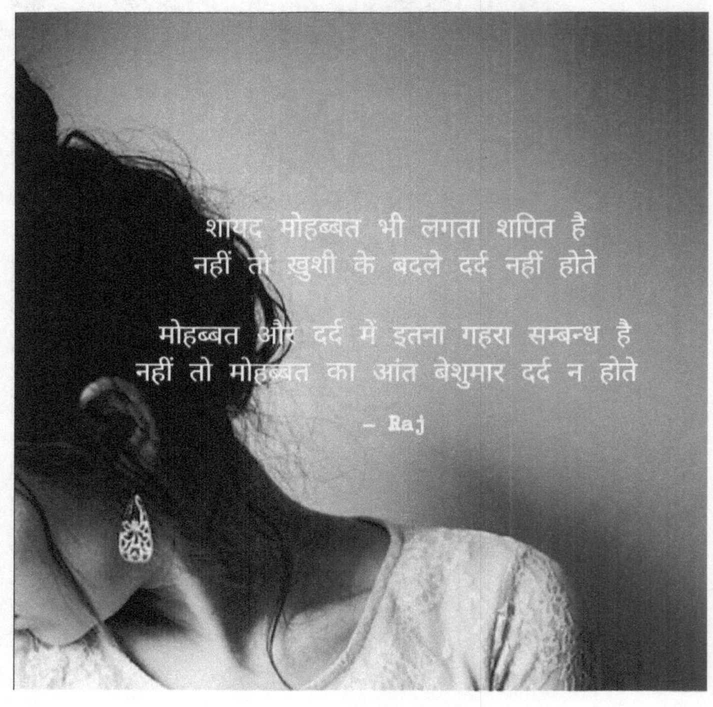

85. शायद तुम्हें पता नहीं

शायद तुम्हें पता नहीं

शायद तुम्हें पता नहीं इस दिल में मोहब्बत कितने है
समुन्दर की गहराई की तरह दिल को नापा किसने है

वफ़ा-ए-मोहब्बत चाहता हूँ दिल के बदले दिल से मैं
क़दर करो मोहब्बत की सच्चा मोहब्बत किया किसने है

— Raj

86. दर्द सहते सहते

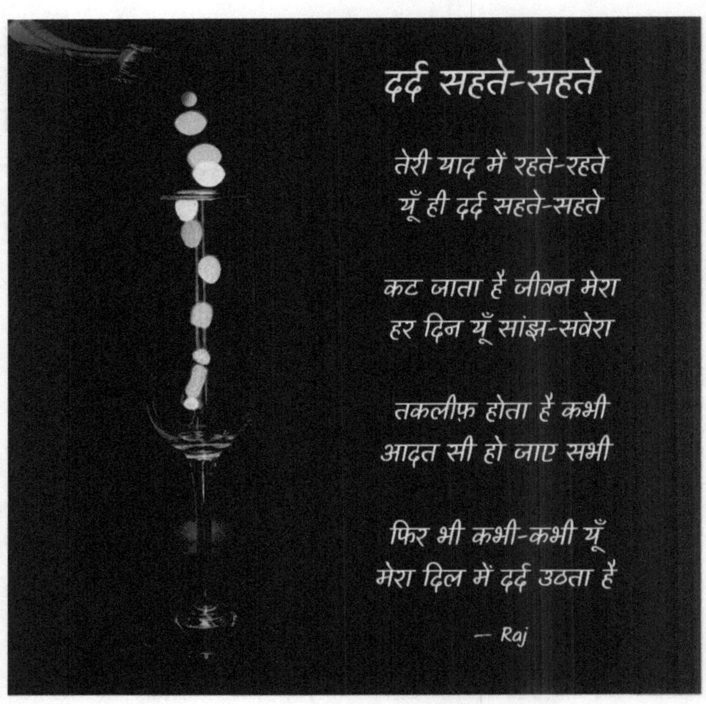

87. जबसे तुम गए हो

जबसे तुम गए हो
तन्हाई का अलम है जबसे तुम गए हो
ना रूठो तुम मुझसे लौट कर आजाओ

दर्द-ए-जुदाई सह न सकूँ मैं अब तेरे बिना
ना जी सकूंगा ना मर सकूंगा तुम्हारे बिना

— Raj

88. तेरे इश्क़ ने मुझे

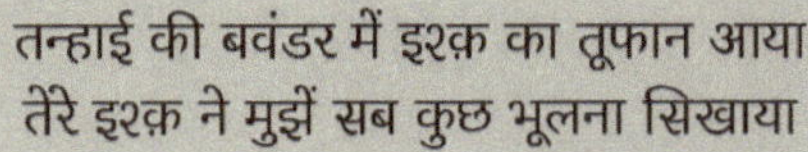

प्रतियोगिता-₹224

तेरे इश्क़ ने मुझे

तन्हाई की बवंडर में इश्क़ का तूफान आया
तेरे इश्क़ ने मुझें सब कुछ भूलना सिखाया

अब तो ना होश रहा ना आवास रहा यहाँ मेरा
दिन रात मुझें बस तेरा ही ख्याल है सताया

— Raj

89. बोर होना बुरी बात नहीं

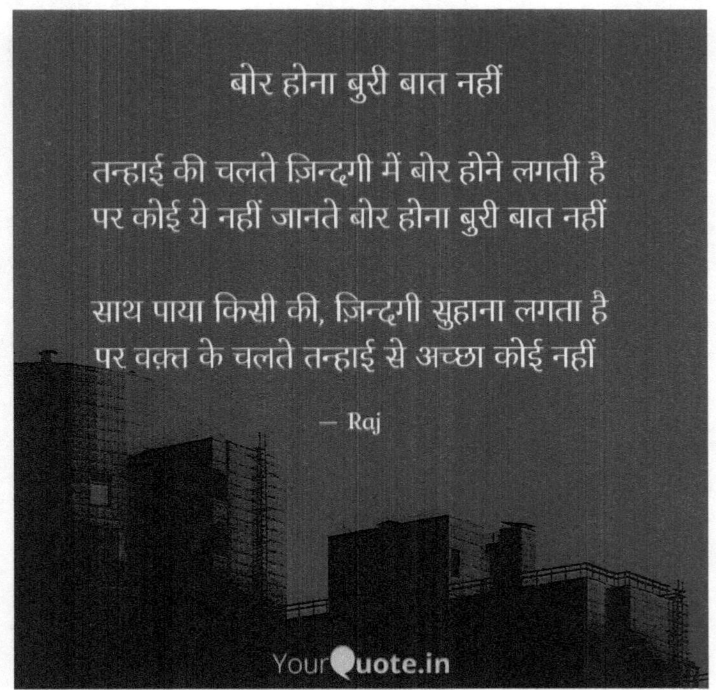

90. याद आते हो तुम

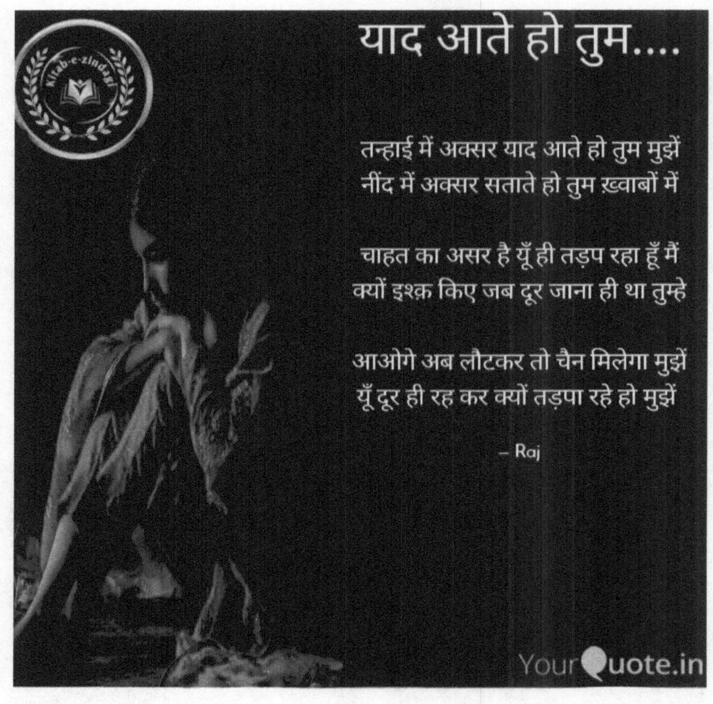

याद आते हो तुम....

तन्हाई में अक्सर याद आते हो तुम मुझें
नींद में अक्सर सताते हो तुम ख़्वाबों में

चाहत का असर है यूँ ही तड़प रहा हूँ मैं
क्यों इश्क़ किए जब दूर जाना ही था तुम्हे

आओगे अब लौटकर तो चैन मिलेगा मुझें
यूँ दूर ही रह कर क्यों तड़पा रहे हो मुझें

– Raj

YourQuote.in

91. उससे दूर जाकर

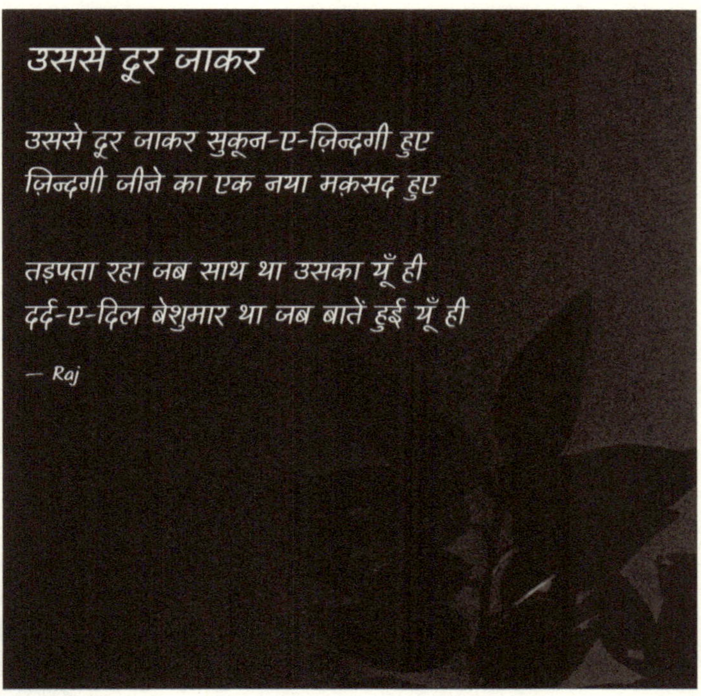

उससे दूर जाकर

उससे दूर जाकर सुकून-ए-ज़िन्दगी हुए
ज़िन्दगी जीने का एक नया मक़सद हुए

तड़पता रहा जब साथ था उसका यूँ ही
दर्द-ए-दिल बेशुमार था जब बातें हुई यूँ ही

— Raj

92. आज भी संभाल के रखा है

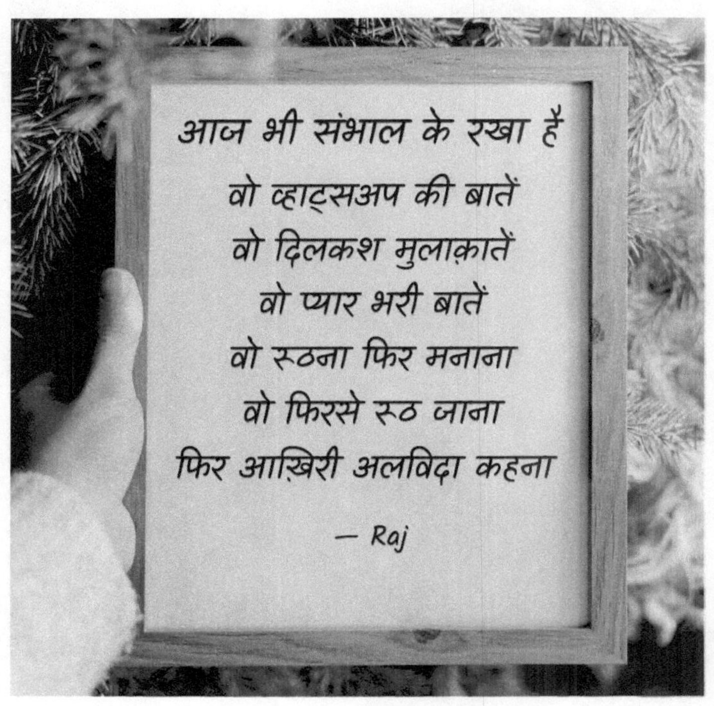

93. तेरा ये शर्माना

तेरा ये शर्माना

यह झुकी झुकी निघाएँ और तेरा यूँ मुस्कुराना
आँचल में मुँह छुपाना और यूँ तेरा ये शर्माना

दिल मेरा हरकर यूँ दिल को घायल कर जाना
अंगूठे से चित्र बनाकर इशारों में बातें करना

बिन कुछ कहे ही इकरार-ए-मोहब्बत करना
अच्छा लगता है मन को हर मुझसे इश्क करवाना

— Raj

94. कोई तो होगा जो

कोई तो होगा जो

यूँ ही ढूंढ़ता रहा हमसफ़र मेरा
कोई तो होगी जो तक़दीर में मेरा

कभी तो आएगी वो ज़िन्दगी में मेरा
बस इंतजार है उस पल का मेरा

— Raj

95. बिछड़ना नसीब था

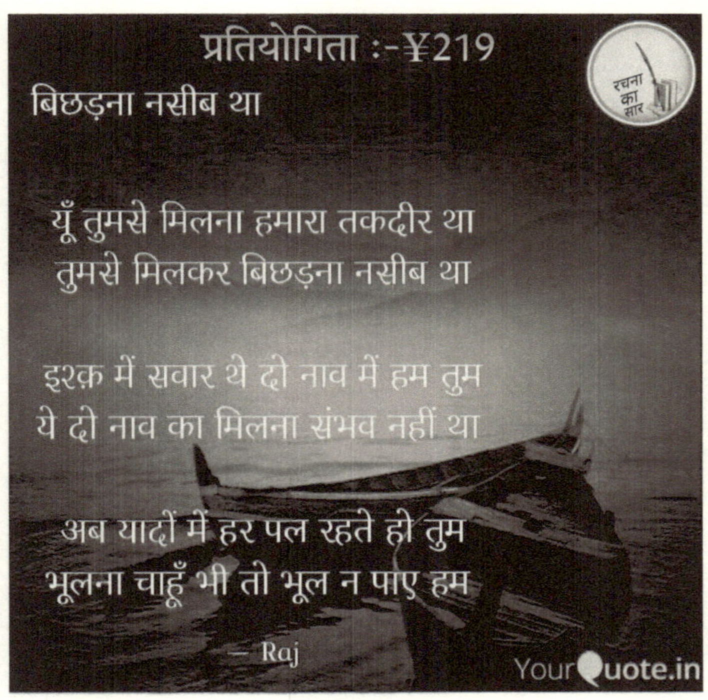

प्रतियोगिता :-¥219
बिछड़ना नसीब था

यूँ तुमसे मिलना हमारा तकदीर था
तुमसे मिलकर बिछड़ना नसीब था

इश्क़ में सवार थे दो नाव में हम तुम
ये दो नाव का मिलना संभव नहीं था

अब यादों में हर पल रहते हो तुम
भूलना चाहूँ भी तो भूल न पाए हम

— Raj

YourQuote.in

96. ज़िंदगी एक फूल है

Rest Zone
ज़िंदगी एक फूल है

ज़िन्दगी एक फूल है
खिलते ही मुरझा जाते है
संभलकर नहीं रखोगे तुम
टूट कर यूँ ही बिखर जाते है
— Raj

97. किरदार निभाते हुए

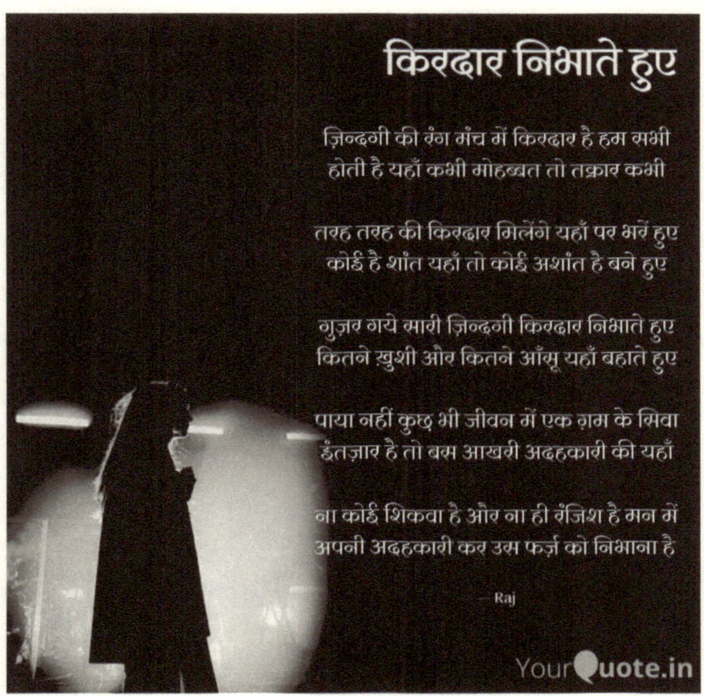

98. वक़्त बे-नूर है

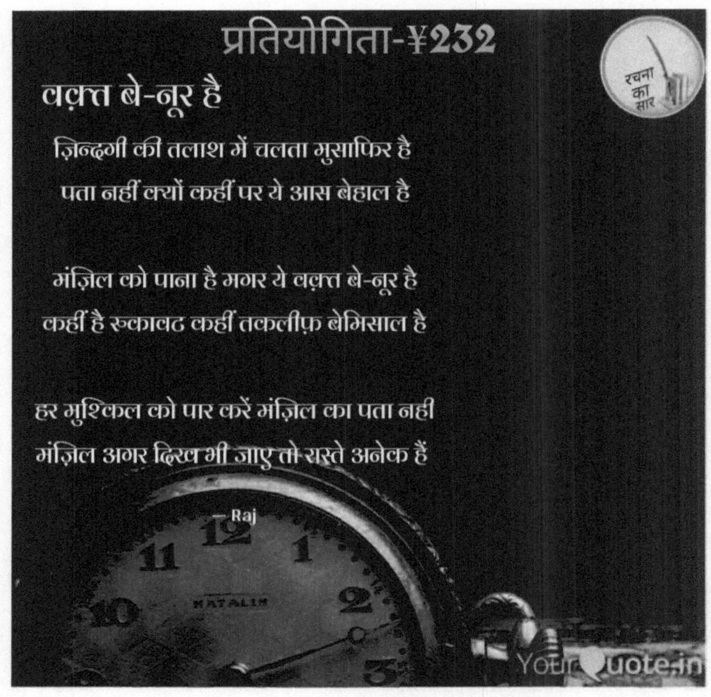

प्रतियोगिता-₹232
वक़्त बे-नूर है
ज़िन्दगी की तलाश में चलता मुसाफिर है
पता नहीं क्यों कहीं पर ये आस बेहाल है

मंज़िल को पाना है मगर ये वक़्त बे-नूर है
कहीं है रुकावट कहीं तकलीफ़ बेमिसाल है

हर मुश्किल को पार करें मंज़िल का पता नहीं
मंज़िल अगर दिख भी जाए तो रास्ते अनेक हैं

—Raj

99. ज़रा सी रोशनी भी

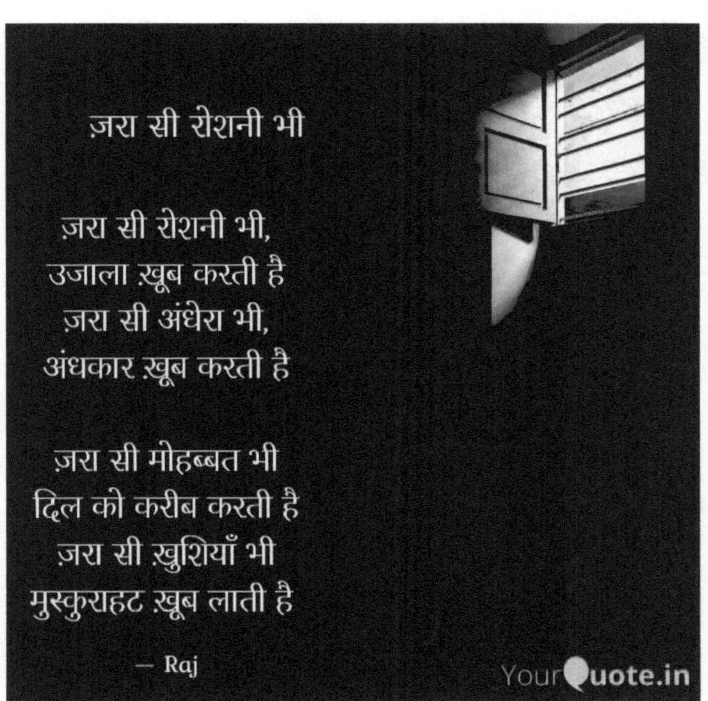

ज़रा सी रोशनी भी

ज़रा सी रोशनी भी,
उजाला ख़ूब करती है
ज़रा सी अंधेरा भी,
अंधकार ख़ूब करती है

ज़रा सी मोहब्बत भी
दिल को करीब करती है
ज़रा सी ख़ुशियाँ भी
मुस्कुराहट ख़ूब लाती है

— Raj
YourQuote.in

100. ज़ुबान पर खुदा का नाम

ज़ुबान पर ख़ुदा का नाम और अकड़म तिकडम काम
सब का पाक है दिल और ये नापाक इरादों वाला काम

कैसे पाओगे जन्नत जब करते रहते हो ऐसा ही काम
अपने कर्म से डरो वरना जहनुम में होगा इन्तेकाम

— Raj

अस्वीकरण

सभी रचनाएँ कल्पना पर आधारित हैं। इसका लेखक के जीवन या ब्रह्मांड में किसी से कोई लेना-देना नहीं है। सभी लेख काल्पनिक हैं और किसी जीवित या मृत व्यक्ति से कोई समानता नहीं है। यदि कोई समानता है तो यह मात्र संयोग है।

लेखक की जीवनी

श्री के.सी. श्रीराज मेनन, जिनका जन्म केरल के एक संपन्न परिवार में 09 सितंबर 1973 को श्री कोझीपुरथ संकुन्नी मेनन और श्रीमती किज़हारा चालापुरथ सेथुलक्ष्मी मेनन के घर हुआ और महाराष्ट्र में अधिवासित हैं। वह बचपन से ही तेज-तर्रार शायरी करते थे, कहते और भूल जाते थे। एक बार उनके एक करीबी दोस्त ने इस पर गौर किया और उन्हें जो भी कविताएँ या उद्धरण कहते थे, उन्हें लिखने के लिए मजबूर किया और तब से उन्होंने लिखना शुरू कर दिया। उन्होंने अपनी कविताओं और उद्धरणों को अपने और अपने करीबी दोस्तों के पास तब तक सीमित रखा जब तक उन्हें अपने कामों को ऑनलाइन लिखने के लिए एक मंच नहीं मिला। वह Your Quote साइट पर एक सक्रिय लेखक हैं और उन्हें प्रतियोगिता के लिए कई प्रशंसापत्र और प्रमाणपत्र प्राप्त हुए हैं। वह एक बहुभाषी लेखक हैं और उनका लेखन विस्मयकारी है। चाहे वह अंग्रेजी, हिंदी, उर्दू, मलयालम और मराठी हो, वह सभी भाषाओं में उत्कृष्ट है। वह कई दिलचस्प लेखकों के लिए एक बड़ी प्रेरणा भी हैं। वह मुंबई विश्वविद्यालय से स्नातक हैं। वह एक एकाउंटेंट हैं और एक स्व-शिक्षित कंप्यूटर इंजीनियर भी हैं। उनके कौशल शीर्ष पायदान पर हैं और उनके पास कई प्रमाणपत्र हैं। अभिनय, लेखन, पेंटिंग और नृत्य और संगीत सुनना आदि... आदि उनके जुनून हैं।

Mail Id:- shreeraj_m@yahoo.co.uk